本书根据2021年6月1日起施行的
新《未成年人保护法》《预防未成年人犯罪法》修订

呼噜噜与独角兽的幸福生活

第二版

姚建龙／著

法律出版社
LAW PRESS·CHINA

“献给吾子，臭小子阳杨，怀着爱与祝愿”

——大肚子爸爸

目录

老屋魅影

呼噜噜是一个奇怪的男孩，听说他有爸爸妈妈，可是他们究竟长什么样子呼噜噜已经记不清了。其实呢，爸爸妈妈在很多年前就到北广市打工去了，把呼噜噜托付给了同村的伯伯和伯母。可是怎么说呢，伯伯和伯母真是对呼噜噜不怎么样，其实根本就不管呼噜噜。爸爸妈妈可能真的很忙，偶尔打一次电话来，还说不了两句就挂了，说是为了省电话费。

说实话，呼噜噜有时候对爸爸妈妈挺怨恨的。当然了，怨恨归怨恨，想归想了。听说其他小朋友天天和爸爸妈妈睡一张床上，还为不想和爸爸妈妈分床睡而斗争呢，呼噜噜就觉得好搞笑，咱们农村的小孩哪有那么娇气。

不过每次夜深了，睡不着了，呼噜噜就会忍不住猜自己的父母长什么样，还会把被子叠成妈妈的样子——当然是想象的咯，抱一抱，然后很快就能睡着。呼噜噜还在院子的空地上画了个大大的“妈妈”，有时候实在想妈妈了，就躺在“妈妈”的肚子上，感觉真的很温暖耶。别看呼噜噜表面上很坚强、很独立，其实内心脆弱得很，还有些自卑呢。

当然了，呼噜噜自己是不愿意承认这些的，甚至还有些害怕让别人知道。

也不知道从什么时候开始，呼噜噜就一个人独自生活在双塘村那栋老房子里。这栋房子还是呼噜噜爷爷的爷爷的……爷爷传下来的，传了多少代也没有人说得清了，里面阴森森的。开门的时候，门会发出“嘎——嘎——吱——吱——”的声音，如果起风了整个屋子也不知道从什么地方发出“呼——呼——呼——呜——呜——呜——”的怪声。要是到了夜深人静的时候再配上呼噜噜睡觉时打呼噜的声音，那简直就是交响乐团在合奏。

今天晚上呼噜噜又失眠了，失眠就是睡不着觉，你说呼噜噜小小年纪怎么也会失眠呢？其实呢，呼噜噜是有些害怕了。因为今天晚上雷雨交加，还有闪电。幸好这栋老古董房子的质量还不赖，除了一两处漏雨外，没有什么大碍。

雨终于停了，雷声也小了，偶尔还有些闪电，呼噜噜也不知道什么时候进入了梦乡……

“抖抖抖抖，瑟瑟瑟瑟”……迷迷糊糊中，呼噜噜好像听见了一阵奇怪的声音，这声音太奇怪了，好像有人在磨牙。呼噜噜咬紧了牙齿：“唉，牙齿别磨了，吵得我都睡不着觉了。”呼噜噜努力想让那个声音消失，可是它不但没有消失，还越来越响了。“怪了，我不是醒了吗，怎么还会磨牙？！”一想到这里，呼噜噜哗啦一下惊醒了。“不会有鬼吧！！！”呼噜噜缩成了一团，努力想让被子保护自己，连牙齿也不自觉地发起抖来，那个奇怪的声音也更大了。

过了十分钟，呼噜噜定了定神，心想，我不能总是这么躲在被窝里吧，传出去多丢人。“家里不会藏着什么怪兽吧？”想到这里，呼噜噜既害怕，又有些好奇。呼噜噜鼓起了勇气，决定一探究竟。开灯，晕啊，灯泡竟然在这个时候不亮了，也不知道是停电还是灯泡坏了。没办法了，呼噜噜只得借着闪电产生的光芒去寻找“怪兽”了。

呼噜噜吸了一口气，定了定神，仔细辨别了一下声音的方位——磨牙的声音好像是从楼上传来的。这栋老古董房子只有两层，楼上堆了很多杂物，也没有什么值钱的好玩的东西，就是一些废弃不用的老家具、农具、坛坛罐罐之类，也不知道是哪个爷爷的爷爷的……爷爷传下来的。呼噜噜几乎从来不上楼，这种让人瘆得慌的地方有什么好常去的呢。

呼噜噜架好梯子，小心翼翼地爬上楼。楼板是木头的，踩上去感觉就像要断了一样。借着闪电的余光，呼噜噜顺着那个“抖抖瑟瑟”的奇怪声音“摸”去。原来声音是从一个木箱子里传出来的。箱子是开着的，呼噜噜颤颤巍巍地走近了箱子……

里面竟然真的有一只怪兽！！！

借着闪电的光芒呼噜噜看清了怪兽的模样，这怪兽

真够怪的：身上五彩斑斓，长着鹿的身体、马的腿、牛的尾巴，尤其是额头还有一个肉乎乎的角——它正一边磨牙一边呼呼大睡呢！

呼噜噜真是气不打一处来，我说是什么吵得让人睡不着觉呢，还那么吓人，原来是你这个睡觉打呼噜的小东西！

这磨牙的声音实在是太吵人了，呼噜噜伸手想摇醒这个可恶的家伙。可是转念一想，怪兽会不会是坏东西呢？但是那东西长得太让人好奇了，于是呼

噜噜伸出了一根手指，轻轻地戳了一下它的肚皮，这东西翻了个身，继续呼呼大睡。呼噜噜再拉了一下他的尾巴，这东西又翻了个身，继续“抖抖瑟瑟”地磨牙。呼噜噜想，它怎么和我一样睡得像头猪呢。呼噜噜鼓足勇气用手指狠狠地戳了一下怪兽的肉角，手指刚一接触到它的肉角，怪兽竟然全身发出了蓝色的光，呼噜噜吓得倒退了三步。

“你，你，你……” 那怪兽猛然看见一个人，吓坏了。

“你，你，你……”其实呼噜噜更害怕。

“你怎么发现我的？” 怪兽问。

“你睡觉磨牙的声音太响，把我吵醒啦！” 呼噜噜恨恨地说。

“糟糕，忘了把床关上了！” 怪兽明白了。

呼噜噜问：“这箱子是你的床？”

怪兽回答：“是啊，我都睡了五百年了。”

“什么，你在这儿住了五百年！我怎么以前不知道？” 呼噜噜感觉很奇怪。

“啊哈，我是精灵，你当然发现不了我了——要不是今天晚上睡觉忘了关床，你怎么可能发现我呢。” 怪兽有些得意地说。

呼噜噜还是有些害怕：“这世界上真的有鬼啊！我还以为……”

“哎，老兄，我是精灵，不是鬼！”怪兽有些生气了。

呼噜噜连声道歉：“哦，对不起，鬼精灵……”

怪兽大声地纠正：“嗨，是精灵，不是鬼！”

呼噜噜还是有些疑问：“你怎么会住在这里？”

怪兽说：“这栋房子有一千多年的历史了，以前这里是县衙公堂，县太爷专门升堂问案的地方。我们属于独角兽家族，是守护公平、正义的精灵，每个公堂都有一只我们这样的独角兽。”

“原来你是独角兽，那这栋房子早已经不是那个什么县衙公堂了，怎么你还在这里？”呼噜噜仍然感到疑惑。

“独角兽王国的国王让我在这里等我的新主人，没想到一等就是五百年。今天我终于等到了！”独角兽兴奋地说。

呼噜噜有些惊讶：“什么？你的意思是说我是你的新主人？”

独角兽说：“是的，主人！我们独角兽王国的宪法规定：唤醒者，即主人。”

“哎呀，不好意思呵，刚才把你戳痛了吧？”别看呼噜噜表面上道歉，其实心里别提有多高兴了。既然是精灵，肯定有很多魔法了，以后考试不就……“嘿嘿嘿嘿”。

独角兽有些生气地说："我真的被你戳痛了，我们独角兽的角是不可以随便戳的。戳到坏人，会很舒服，但是戳到好人、无辜的人就会非常非常痛的。"

"啥，啥，啥意思？你的意思是说，我是好人？"呼噜噜有些得意地问。谁都喜欢听好话，呼噜噜也不例外。

独角兽回答："啊哈，主人，这个你现在还不会明白，不过你以后会明白的。我的使命是让你逐步学会独角兽王国的规则，学会分辨是非、真伪、善良与邪恶、公正与不公……"

"行了，行了，你能帮我考100分吗？能帮我去见爸爸妈妈吗？能帮我教训欺负我的'一撮毛'吗……"呼噜噜可不愿意听独角兽的大道理。

独角兽回答："主人，独角兽的本领大得很呢，但是……"

"太好了！！！我以后怎么召唤你呢？"呼噜噜迫不及待地打断了独角兽的话。

独角兽说："你需要我的帮助时只需要念三声咒语：幺洱丝，幺洱丝，幺洱丝，我就会现身的。"

呼噜噜马上念道："幺洱丝，幺洱丝，幺洱丝，这么简单啊，了解了！"

独角兽慌忙阻止："哎呀，没事可不能念咒语呵，因为一天只能念三次，三次用完我的法力也就消失了，

要一整天后才能恢复。”

呼噜噜说：“明白了！现在主人命令你睡觉，我也要睡觉了，明天一早还要去上学呢。”

“遵命，主人，我也困得很呢。”独角兽心想，这主人可真体贴呵。

@ 先做个自我介绍吧：我是独角兽

我的别名是獬豸(xiè zhì)，是古代传说中的异兽，体形大的如牛，小的如羊，类似麒麟，全身长着浓密黝黑的毛，双目明亮有神，额上通常长一角，俗称独角兽。我们独角兽家族可都是很聪明的喔，懂人言知人性。平常怒目圆睁，能辨是非曲直，能识善恶忠奸。当人们发生冲突或纠纷的时候，我们会用角指向无理的一方，甚至会将罪该万死的人用角抵死，让犯法的人不寒而栗。在古代，我们独角兽是执法公正的化身。

古体的“法”字写作“灋”，而“廌”即为獬豸，“廌法”二字合为一体，有公正不阿的含义，所以从水，取法平如水的含义。由“灋”到“法”，“廌”字虽然已被隐去，但是在中国传统法律文化中，独角兽就是法律的象征。

@ 咒语“幺洱丝”的秘密

“幺洱丝”是“124”的谐音，每年12月4日是国家宪法日，也是全国法制宣传日。

这个咒语可要记住了呵。

@ 呼噜噜可以一个人生活吗？

像呼噜噜这样父母在外打工，独自留在家乡生活的孩子，在我们国家被称为“留守儿童”。我国究竟有多少留守儿童，统计口径不一样数据差异也很大。以农村留守儿童的数据为例，在2013年，全国妇联曾根据第六次人口普查数据推算，全国共有6102.55万名农村留守儿童。2016年，民政部等部门开展的全国农村留守儿童摸底排查发现，父母双方外出务工或一方外出务工另一方无监护能力、不满16周岁的农村留守儿童数量是902万名。不管哪个统计数据，留守儿童的数量都不是个小数目。留守儿童学习法律知识是很有必要的，既可以保护自己，也可以不让自己违法犯罪喔。

虽然爸爸妈妈外出打工，但是按照我国法律规定，必须要委托其他成年人代为履行对呼噜噜的照护责任。当然了，呼噜噜的爸爸妈妈委托伯伯和伯母代为照护呼噜噜，只是照护得怎么样就不好说了。按照法律规定，像呼噜噜这样一个人独自生活在老屋里可是违法的哟。

《中华人民共和国未成年人保护法》

第二十一条　未成年人的父母或者其他监护人不得使未满八周岁或者由于身体、心理原因需要特别照顾的未成年人处于无人看护状态，或者将其交由无民事行为能力、限制民事行为能力、患有严重传染性疾病或者其他不适宜

的人员临时照护。

未成年人的父母或者其他监护人不得使未满十六周岁的未成年人脱离监护单独生活。

第二十二条 未成年人的父母或者其他监护人因外出务工等原因在一定期限内不能完全履行监护职责的，应当委托具有照护能力的完全民事行为能力人代为照护；无正当理由的，不得委托他人代为照护。

未成年人的父母或者其他监护人在确定被委托人时，应当综合考虑其道德品质、家庭状况、身心健康状况、与未成年人生活情感上的联系等情况，并听取有表达意愿能力未成年人的意见。

具有下列情形之一的，不得作为被委托人：

（一）曾实施性侵害、虐待、遗弃、拐卖、暴力伤害等违法犯罪行为；

（二）有吸毒、酗酒、赌博等恶习；

（三）曾拒不履行或者长期怠于履行监护、照护职责；

（四）其他不适宜担任被委托人的情形。

第二十三条 未成年人的父母或者其他监护人应当及时将委托照护情况书面告知未成年人所在学校、幼儿园和实际居住地的居民委员会、村民委员会，加强和未成年人所在学校、幼儿园的沟通；与未成年人、被委托人至少每周联系和交流一次，了解未成年人的生活、学习、心理等情况，并给予未成年人亲情关爱。

未成年人的父母或者其他监护人接到被委托人、居民委员会、村民委员会、学校、幼儿园等关于未成年人心理、行为异常的通知后，应当及时采取干预措施。

《中华人民共和国未成年人保护法》是我们国家最重要的一部关于未成年人的专门法律。这部法律是1991年9月4日由第七届全国人民代表大会常务委员会第二十一次会议通过的，2006年进行了第一次较大幅度的修订，2012年作了较少的文字修正，2020年10月17日第十三届全国人民代表大会常务委员会第二十二次会议进行了第二次重大修订，新修订的《中华人民共和国未成年人保护法》自2021年6月1日起施行。

复仇记

独角兽睡了，可是呼噜噜实在太兴奋了，幸福来得太突然了，他还得消化一下，躺在床上翻来覆去怎么也睡不着，他想着怎么会这么神奇啊，居然有了一个会法力的精灵一直陪着我、保护我，实在是太酷了。可是呼噜噜转念一想，独角兽真的像它自己说的那样厉害吗？我要慢慢摸清楚独角兽的底细。想着想着呼噜噜就睡着了。

双塘村里有很多和呼噜噜一样父母外出打工的小孩，他们都是非常好的伙伴。当然了，也有几个坏蛋，比如小黄毛、光头三，还有皮蛋天之类的，总是喜欢欺负其他小孩。呼噜噜就被欺负了好几次，有时候在回家的路上他们就会拦住呼噜噜，让他把身上好吃的东西、好看的文具等拿出来“分享”；有时候他们会把呼噜噜围起来，边围着他转圈圈边说顺口溜嘲笑他：“村里有头猪，睡觉呼噜噜，没有爹娘管，天天臭烘烘。”因为呼噜噜打不过他们，所以每次只有被欺负的份儿。

"哼，现在有了独角兽，我就不怕你们了，放马过来好了。"想到这儿，呼噜噜觉得自己浑身充满了力量，迫不及待地想马上看到他们了。

呼噜噜在乡里的坑塘小学读书，去学校需要穿过一片树林，翻过两个山头，要走一个小时的路，所以呼噜噜需要起得很早才能按时赶到学校。天还没亮，呼噜噜就开始迷迷糊糊地起床、刷牙了。

呼噜噜忽然想起了独角兽，心想，不会是昨天晚上做的梦吧？于是他赶紧爬上楼去，掀开老木箱。哇！真的有独角兽，不是梦耶！呼噜噜兴奋地大叫："独角兽，独角兽，醒醒，快醒醒！"

独角兽揉揉眼睛，睡眼惺忪地看了一下呼噜噜说："主人，早上好。请问有什么吩咐？""是不是不管我在哪里，只要我念咒语你就会出来帮我？""当然。""嘿嘿，那就好，今天你就准备跟我大干一场吧。""你想要干吗？""嘿嘿嘿，保密，到时候你就知道了。"

天还没亮，呼噜噜乐不可支地背着书包、举着火把出门了——山里的孩子习惯用火把照明。呼噜噜一边啃着昨天晚上就煮好的地瓜，一边想象着待会儿把小黄毛他们打扁踩在脚下的样子，忍不住笑出声来。呼噜噜把胸脯挺得直直的，头抬得高高的，不过他还是有些担心——担心今天那些坏蛋不来欺负人了。

走了估摸一个小时，翻过两个山头，呼噜噜终于来到学校，天也亮了。

“快看，快看，臭猪来了。”呼噜噜打了个冷颤，小黄毛、光头三还有皮蛋天大摇大摆地正向他走来。看到他们，呼噜噜还是忍不住有点害怕，习惯性地想低下

头赶紧躲开他们。不对啊，今天我有秘密武器——独角兽啊！想到这里，呼噜噜挺起了胸膛。

三个坏蛋把呼噜噜围在中间。“今天带了什么好东西来，拿给我们瞧瞧。”皮蛋天边捏呼噜噜的脸颊边说，而小黄毛已经开始动手翻呼噜噜的书包了。

想象是一回事，真的面对这帮坏小子呼噜噜还是慌了，他一边捂住自己的书包一边说：“你们给我闪开，我今天可是有秘密武器的，你们要是再欺负我，可别怪我不客气了。”

“哟，长本事了嘛。我倒要看看你有什么秘密武器。”小黄毛冷笑着说。

呼噜噜一边躲一边悄悄地念起了咒语：“幺洱丝，幺洱丝，幺洱丝。”独角兽拜托你快出来吧。呼噜噜着急得眼泪都快流出来了。

“这么急叫我来有什么事啊，人家还没有睡醒呢。”独角兽揉着眼睛问。

“别再睡了，有人欺负我！”呼噜噜一有独角兽撑腰，勇气马上就涌上来了，他一手叉着腰，一手指着小黄毛他们说：“快帮我收拾他们！把他们打趴下，看他们还敢欺负我不！”

三个坏蛋被唬住了，以为有什么侠客要来帮呼噜噜呢。可是他们左看看右看看，没看见旁边有什么人啊。只见呼噜噜对着空气又说又比画，太奇怪了。当然啰，只有呼噜噜能看见独角兽，因为守护精灵只有主人才能看见，其他人是看不见的。

皮蛋天说："他被吓傻了吧，怎么对着空气说话，肯定是唬我们的，不要理他。"另外两个坏蛋也回过神来，又都开始向呼噜噜靠过来了。

呼噜噜一边往墙角退，一边对独角兽说："你飘在半空中干什么啊？怎么还不动手啊？"

独角兽很无奈地说："主人，我虽然有法力，但是我们独角兽王国也有规定，那就是不能使用暴力。如果我使用暴力去伤害人类，不管什么原因都是不被原谅的，我也会永远失去法力的。"

呼噜噜一听就着急了："那可怎么办啊？难不成你就眼睁睁地看着我被他们欺负，那你还叫什么守护精灵，根本就不能保护我嘛！"

独角兽不紧不慢地说："呵呵，别着急，并不是只有暴力才能解决问题，而且暴力的方式只能解决一时的困境，并不能让他们以后都不欺负别人。有时候一些和平的方式会起到更久更好的效果。我自有办法，你等着瞧吧。不过在这之前，我要借你的身体用一下哦。你不会感到不舒服的。"

说完，独角兽就合起双手，头上的角开始发出光芒，口中念念有词，不一会儿独角兽就钻到呼噜噜的身体里去了。好奇妙啊，呼噜噜的身体里竟然同时住着两个人，一个是自己，另一个就是独角兽啦。

呼噜噜问独角兽："你怎么做到的啊？你想要做什么呢？"独角兽回答道："别人看不到我，我也不想轻易使用法术来现身，所以就只有借助你来让皮蛋天他们明白一个最基本的道理，我要开始喽。"

独角兽刚说完，奇迹出现了，呼噜噜就像变了个人一样，他的眼神变得很有神、很坚定、很自信，也散发着一种让人害怕的气息。他缓缓地对着皮蛋天他们说："你们给我住手！你们知道你们这是什么行为吗？你们知道你们会得到什么惩罚吗？你们知道如果一直这样你们以后会变成什么样子吗？让我来告诉你们吧。"

"追逐、拦截他人，强拿硬要或者任意损毁、占用公私财物，殴打、辱骂、恐吓，或者故意伤害他人身体，都是严重不良行为。对有严重不良行为的未成年人，公安机关可以根据具体情况，采取矫治教育措施。符合法定情形的，教育行政部门会同公安机关可以决定将有严重不良行为未成年人送入专门学校接受专门教育。如果上述严重不良行为情节恶劣、后果严重，还可能构成寻衅滋事罪、抢劫罪、故意伤害罪等犯罪……&%*￥#@……嗯，对了，发生在学生之间，一方蓄意或者恶意通过肢体、语言及网络等手段实施欺压、侮辱，造成另一方人身伤害、财产损失或者精神损害的行为还属于学生欺凌行为……&*&%&*￥￥%……"

呼噜噜叽里呱啦说了一大通，三个坏蛋听得打哈哈，肯定是昨天晚上没有睡好。

“你说完了吗，太啰唆了！”小黄毛一掌把呼噜噜推出三米远，“吧唧”呼噜噜摔了个狗啃泥。

“独角兽，不行啊，快救我。”呼噜噜哇哇大

哭起来。

“糟糕，不管用！”独角兽晕了，这可是它第一次施用法力，竟然就失败了，太丢人了。

“别急，我再想想办法。”独角兽害羞地说，“对了，有了！”

独角兽用它那肉乎乎的角对着三个坏蛋分别点了一下，三个坏蛋一下子就定住了。

不一会儿，三个坏蛋竟然瘫倒在地，流下眼泪来，还跪在地上向呼噜噜直道歉：“对不起，我们错了，我们有罪，不要枪毙我们……哇哇哇……”然后，捂着脸，落荒而逃。

“你是怎么做到的？”呼噜噜满脸疑问。

“哈哈，秘密！”独角兽卖起了关子。

“哼，敢不告诉我，我是你的主人！”呼噜噜生气了。

“哈哈，我只是让他们看到了自己的未来：从小做坏事不改正，最后成了抢劫犯、杀人犯。刚才他们看到未来的自己正在法庭上接受审判，被判处死刑立即执行了，呵呵。”

“真有你的！”呼噜噜说，“就是电影里面演的去未来时空旅行吗？”

“差不多吧，主人。”独角兽拍拍呼噜噜说，“事情解决了，快上学去吧。”

呼噜噜才想起来要迟到了，赶紧往学校跑，当然他

也很高兴，独角兽还真是不赖啊。

小黄毛、光头三、皮蛋天等几个坏蛋被呼噜噜教训得跪地求饶的消息很快在伙伴们中间传开了，被伙伴们羡慕、敬佩的感觉可真好。那些平常被这几个坏蛋欺负的伙伴们简直都把呼噜噜捧上天了，这是呼噜噜最快乐的一天。

@法律明确禁止欺凌他人

小黄毛、光头三、皮蛋天三个“不良少年”经常在校门口欺负呼噜噜，比如，强行索要呼噜噜的东西、辱骂呼噜噜、殴打呼噜噜，这些都属于新修订《中华人民共和国未成年人保护法》《中华人民共和国预防未成年人犯罪法》所明确禁止的学生欺凌行为。这些行为轻则属于不良行为，重则可构成严重不良行为，甚至触犯《中华人民共和国刑法》，构成故意伤害罪、侮辱罪、寻衅滋事罪、抢劫罪等犯罪，受到刑事处罚。

《中华人民共和国未成年人保护法》

第十七条　未成年人的父母或者其他监护人不得实施下列行为：

…………

（四）放任、唆使未成年人吸烟（含电子烟，下同）、饮酒、赌博、流浪乞讨或者欺凌他人；

…………

第三十九条 学校应当建立学生欺凌防控工作制度，对教职员工、学生等开展防治学生欺凌的教育和培训。

学校对学生欺凌行为应当立即制止，通知实施欺凌和被欺凌未成年学生的父母或者其他监护人参与欺凌行为的认定和处理；对相关未成年学生及时给予心理辅导、教育和引导；对相关未成年学生的父母或者其他监护人给予必要的家庭教育指导。

对实施欺凌的未成年学生，学校应当根据欺凌行为的性质和程度，依法加强管教。对严重的欺凌行为，学校不得隐瞒，应当及时向公安机关、教育行政部门报告，并配合相关部门依法处理。

第七十七条 任何组织或者个人不得通过网络以文字、图片、音视频等形式，对未成年人实施侮辱、诽谤、威胁或者恶意损害形象等网络欺凌行为。

遭受网络欺凌的未成年人及其父母或者其他监护人有权通知网络服务提供者采取删除、屏蔽、断开链接等措施。网络服务提供者接到通知后，应当及时采取必要的措施制止网络欺凌行为，防止信息扩散。

第一百三十条 本法中下列用语的含义：

…………

（三）学生欺凌，是指发生在学生之间，一方蓄意或者恶意通过肢体、语言及网络等手段实施欺压、侮辱，造成另一方人身伤害、财产损失或者精神损害的行为。

…………

《中华人民共和国预防未成年人犯罪法》

第二十八条　本法所称不良行为，是指未成年人实施的不利于其健康成长的下列行为：

（一）吸烟、饮酒；

（二）多次旷课、逃学；

（三）无故夜不归宿、离家出走；

（四）沉迷网络；

（五）与社会上具有不良习性的人交往，组织或者参加实施不良行为的团伙；

（六）进入法律法规规定未成年人不宜进入的场所；

（七）参与赌博、变相赌博，或者参加封建迷信、邪教等活动；

（八）阅览、观看或者收听宣扬淫秽、色情、暴力、恐怖、极端等内容的读物、音像制品或者网络信息等；

（九）其他不利于未成年人身心健康成长的不良行为。

第三十三条　未成年学生有偷窃少量财物，或者有殴打、辱骂、恐吓、强行索要财物等学生欺凌行为，情节轻微的，可以由学校依照本法第三十一条规定采取相应的管理教育措施。

第三十八条　本法所称严重不良行为，是指未成年人实施的有刑法规定、因不满法定刑事责任年龄不予刑事处罚的行为，以及严重危害社会的下列行为：

（一）结伙斗殴，追逐、拦截他人，强拿硬要或者任意损毁、占用公私财物等寻衅滋事行为；

（二）非法携带枪支、弹药或者弩、匕首等国家规定的管制器具；

（三）殴打、辱骂、恐吓，或者故意伤害他人身体；

（四）盗窃、哄抢、抢夺或者故意损毁公私财物；

（五）传播淫秽的读物、音像制品或者信息等；

（六）卖淫、嫖娼，或者进行淫秽表演；

（七）吸食、注射毒品，或者向他人提供毒品；

（八）参与赌博赌资较大；

（九）其他严重危害社会的行为。

《中华人民共和国预防未成年人犯罪法》是预防未成年人犯罪的专门性法律，1999年6月28日由第九届全国人民代表大会常务委员会第十次会议通过，2012年进行了修正，2020年12月26日第十三届全国人民代表大会常务委员会第二十四次会议对该法进行了较大幅度的修订，自2021年6月1日起施行。

@ 欺凌他人害人害己

小黄毛、光头三、皮蛋天三个“不良少年”经常在校门口欺凌呼噜噜，这是一种害人害己的行为。犯罪学研究发现，恶性犯罪人的违法犯罪生涯大多开始于未成年时期。如果在未成年时期经常欺凌他人，容易被贴上“坏蛋”的标签，长大后成为罪犯的可能性非常非常大。

近年来学生欺凌现象引起广泛关注，新修订的《中华人民共和国未成年人保护法》和《中华人民共和国预防未

成年人犯罪法》都增加了有关防控学生欺凌的内容。

《中华人民共和国刑法》

第二百三十四条 故意伤害他人身体的，处三年以下有期徒刑、拘役或者管制。

犯前款罪，致人重伤的，处三年以上十年以下有期徒刑;致人死亡或者以特别残忍手段致人重伤造成严重残疾的，处十年以上有期徒刑、无期徒刑或者死刑。本法另有规定的，依照规定。

第二百四十六条 以暴力或者其他方法公然侮辱他人或者捏造事实诽谤他人，情节严重的，处三年以下有期徒刑、拘役、管制或者剥夺政治权利。

前款罪，告诉的才处理，但是严重危害社会秩序和国家利益的除外。

通过信息网络实施第一款规定的行为，被害人向人民法院告诉，但提供证据确有困难的，人民法院可以要求公安机关提供协助。

第二百六十三条 以暴力、胁迫或者其他方法抢劫公私财物的，处三年以上十年以下有期徒刑，并处罚金;有下列情形之一的，处十年以上有期徒刑、无期徒刑或者死刑，并处罚金或者没收财产:

（一）入户抢劫的;

（二）在公共交通工具上抢劫的;

（三）抢劫银行或者其他金融机构的;

（四）多次抢劫或者抢劫数额巨大的;

（五）抢劫致人重伤、死亡的;

（六）冒充军警人员抢劫的;

（七）持枪抢劫的;

（八）抢劫军用物资或者抢险、救灾、救济物资的。

第二百九十三条 有下列寻衅滋事行为之一，破坏社会秩序的，处五年以下有期徒刑、拘役或者管制:

（一）随意殴打他人，情节恶劣的;

（二）追逐、拦截、辱骂、恐吓他人，情节恶劣的;

（三）强拿硬要或者任意损毁、占用公私财物，情节严重的;

（四）在公共场所起哄闹事，造成公共场所秩序严重混乱的。

纠集他人多次实施前款行为，严重破坏社会秩序的，处五年以上十年以下有期徒刑，可以并处罚金。

刑法是规定犯罪、刑事责任和刑罚的法律，规定了哪些行为是犯罪行为，并应当负什么样的刑事责任，受到什么样的刑事处罚。《中华人民共和国刑法》是1979年7月1日由第五届全国人民代表大会第二次会议通过，1997年第八届全国人民代表大会第五次会议修订，1998年12月29日第九届全国人民代表大会常务委员会第六次会议通过了《关于惩治骗购外汇、逃汇和非法买卖外汇犯罪的决定》，此后又出台了十一个刑法修正案进行修正。

“老大”的诞生

自从“打败”几个坏蛋后，呼噜噜成了村子里最受欢迎的小英雄，据说他的名声不仅在双塘村、坑塘小学叫得响，还远播到其他学校和村子里去了呢。

双塘村还有数十名和呼噜噜一样的孩子，父母都在外打工。当然了，和呼噜噜玩得好的孩子也就是那十来个。现在有一个很流行的词来称呼他们——留守儿童，呼噜噜也听说了，但是他不喜欢，总觉得这名字听着怪怪的，让人觉得可怜兮兮的，其实才不是呢。父母不在也有不在的好处——没有人管或者就算有人管也管不住，可以自由自在地生活。呼噜噜和伙伴们就喜欢这样的生活。

这不，伙伴们又聚在一起玩躲猫猫游戏。神了，无论小伙伴们躲在什么地方，小英雄呼噜噜总能把他们一个不落地找出来。但是轮到呼噜噜躲的时候，谁都找不到他。当然，其中的秘密只有呼噜噜自己知道。

伙伴们玩脏了就跳进池塘里洗澡、戏水，累了就在村头树林里的草地上休息。小胖墩凑到呼噜噜身边嬉皮笑脸地说："呼噜噜，给大家讲讲你那天是怎么打败小黄毛、光头三、皮蛋天这几个坏蛋的吧，我们都觉得不可能啊。"

"你不相信我的本领，那你也来试一试。"呼噜噜卖起关子来。

"我才不敢呢。"小胖墩真是够坦诚的，别看他长得最"壮实"，其实胆子是最小的，平时也经常被几个坏蛋欺负。

"呼噜噜，你来做我们老大吧，负责保护我们。"小胖墩笑嘻嘻地说。

"对对对，呼噜噜你就做保护我们的老大！这样那几个坏蛋就不敢欺负我们了。"阳杨、天天、小北等几个伙伴附和道。

"这个……"呼噜噜正要得意地答应——

"凭什么呀，就他这样也想当老大，我不服。"一个阴森森的声音从呼噜噜身后的松树底下传过来。

呼噜噜回头一看，原来是哈皮。哈皮和呼噜噜是同班同学，两个人在班上的成绩接近，呼噜噜每次考第二，哈皮每次都是考第三，不过他从来就没有服过呼噜噜。

"就是，我也不同意。我还一直怀疑肯定是有人帮

忙，呼噜噜才打败几个坏蛋的。”叮咚也毫不掩饰对呼噜噜的怀疑。

“我还不愿意干呢！”别看呼噜噜说得那么大度，其实还是有些小失落的。他没有想到自己现在名气那么大了，竟然当个老大还有这么多人反对。

“这样吧，我们打擂比武决定谁当老大，怎么样？”阳杨提议。

“这主意不错！”“这主意是不错！”伙伴们纷纷表示同意。

“好，就比武决定！”呼噜噜窃喜，嘿嘿，有独角兽相助还不赢定了。

“不行，比武太暴力了，万一伤到谁不好吧。咱们村里面村长的官最大，要不我们还是让村长来决定怎么样？”天天的爸爸在县政府里面当股长，他的主意就是和大家不一样。

“村长是管大人的，又不是管我们小孩的，让他来决定不好吧？要不我们还是抓阄决定，这样公平还不会伤到人。”小北是个乖巧聪明的孩子，可惜他的主意马上被天天否决了：“抓阄的方法不好，不能保证我们当中最厉害的人当老大，也不能让大家信服。”

大家你一言我一语，谁也说服不了谁。

“幺洱丝，幺洱丝，幺洱丝。”这个时候该独角兽出场了，呼噜噜悄悄地把独角兽召唤了出来：“独角兽，快帮我们想个大家都同意的方法吧，再帮我顺利当上老大，当了老大我就可以名正言顺地保护我的好朋友了。”

“啊哈，我的主人，这个简单啦，你们可以用投票的方法啊！”独角兽说，“我们独角兽王国的国王就是王国里的公民根据《独角兽王国宪法》选出来的，大家都选自己心目中最信任的大英雄，得票最多的就当国王。如果当选的国王做得不好，我们就在他任期届满的时候另外再选一个。”

“这个主意听上去不错。”呼噜噜心想，我现在的名气这么大，肯定能当选。

独角兽果然是个精灵，呼噜噜的提议立即得到了所有人的支持。看来这的确是一个让大家都心服口服的好办法。

勤奋好学的哈皮玩的时候也不忘带书包，他的书包里面有的是纸和笔。大家每人都分到了一张“选票”——那可是从哈皮作业本上撕下来的纸呵。大家都悄悄地把心目中的老大写在了纸上，然后一张一张地投进了哈皮已经倒空的书包里。这一切可都是在独角兽的监督下进行的呵，谁想作弊，连门都没有。

计算选票的时刻可真是激动人心呵，不过呼噜噜心里美得很，因为他确定自己就是小朋友们心目中的英雄，因此他都懒得让独角兽提前告诉他选举的结果。

“哈皮6票，天天3票，呼噜噜7票。”哈哈，果然

不出所料，呼噜噜如愿当选老大了！小伙伴们把呼噜噜抛向天空，大家真是太开心了，因为他们终于有了自己的老大了。

“呼噜噜，不要高兴得太早了，既然大家信任你，就不要辜负大家的信任，别忘了自己的责任。”独角兽在耳边一个劲儿地提醒，可是这个时候呼噜噜哪还顾得上独角兽呢。

呼噜噜当上了小伙伴们的老大，别提多神气

了。以后想命令谁就可以命令谁了，有谁敢不听老大的就惩罚他，哈哈，这真是太带劲了！呼噜噜越想越美。

“有了老大，那咱们也应该为咱们的团队取个名字呀！我看电视里面都是这么演的。”小胖墩又有主意了，“要不我们就叫黑龙会，再制定一些帮规！”

“这个名字有气势，不过这好像是黑社会的名字啊。”一向勤奋又乖的哈皮马上提出了异议。

“对，我们不能取这样的名字，我们都是好孩子。”大家都纷纷对小胖墩的想法表示反对。

“啊哈，我有一个好主意！”阳杨说，“我们叫‘双塘村留守儿童互助小组’怎么样啊？前几天来我们村调研的大学生不是告诉我们留守儿童要学会互相帮助嘛！”

“这个主意不错，我们在一起就是要互相帮助啊！”伙伴们对这个提议显然非常赞同。

“我反对。”呼噜噜显然对这个提议不感冒，“这名字不好，我觉得黑龙会挺好的。我是老大，你们必须听我的。”

“你太霸道了吧，我们选你当老大是相信你能帮助我们，尊重我们。”哈皮显然对呼噜噜当选老大不服气。

“你竟然敢不服从我！”呼噜噜有些恼羞成怒了。呼噜噜想，如果现在不确立自己的权威，以后还有谁会

听自己的呢。想到这里，呼噜噜冲到哈皮面前喊道：“不许捣乱！”还用手推了哈皮一下，哈皮踉踉跄跄倒退了几步，差点摔倒在地。

所有的孩子都惊呆了，哈皮委屈得眼泪在眼眶里打转。其实呼噜噜也惊呆了，因为连他自己都没有想到怎么会突然变得那么蛮横起来。很多人一旦坐上老大的位置就会变得霸道、不讲理，变成坏蛋。看来呼噜噜也已经有这样的苗头了。

“罢免呼噜噜！”“罢免呼噜噜！”“他太粗暴了，竟然还动手打人！”呼噜噜的粗暴引起了孩子们的强烈不满，他显然辜负了大家的期望。

哈皮提议："我们大家重新投票，选'双塘村兄弟大队'队长，我们不选'老大'了。选一个尊重大家、能为大家服务的好队长。""好！重新选队长！"孩子们纷纷表示同意。

选举的结果几乎没有悬念。唉，可怜的呼噜噜只当了不到半个小时的老大，就被选下去了。乐于帮助其他伙伴，学习成绩也不赖，长得还挺壮实，连小黄毛等几个坏蛋都不敢欺负的哈皮成功当选队长。

呼噜噜别提多么沮丧了，这是他感到最悲伤的一天。独角兽想安慰呼噜噜，但是连这个精灵都不知道说些什么才好。其实独角兽也很失落，想知道它失落的原因吗？

@ 民主选举是个好办法

小伙伴们通过投票方式产生"老大"的做法，是一种民主的做法。在当代社会，民主是以多数决定、同时尊重个人与少数人的权利为原则的，民主是解决纠纷的好方式。

在独角兽王国，国王是根据《独角兽王国宪法》通过选举方式产生出来的。就一个国家而言，产生领导人的方式有很多，有世袭的方式，有指定的方式，也有民主选举的方式。在现代社会，各国产生领导人大多采用民主选举

的方式。

每个国家都有一部根本大法，这部法律被称为“宪法”，规定国家领导人的产生方式是宪法的重要内容之一。我国现行宪法是1982年12月4日第五届全国人民代表大会第五次会议通过的，1982年12月4日全国人民代表大会公告公布施行，施行以来分别在1988年、1993年、1999年、2004年、2018年经过了五次修正。

《中华人民共和国宪法》

第二条 中华人民共和国的一切权力属于人民。

人民行使国家权力的机关是全国人民代表大会和地方各级人民代表大会。

人民依照法律规定，通过各种途径和形式，管理国家事务，管理经济和文化事业，管理社会事务。

第三条 中华人民共和国的国家机构实行民主集中制的原则。

全国人民代表大会和地方各级人民代表大会都由民主选举产生，对人民负责，受人民监督。

国家行政机关、监察机关、审判机关、检察机关都由人民代表大会产生，对它负责，受它监督。

中央和地方的国家机构职权的划分，遵循在中央的统一领导下，充分发挥地方的主动性、积极性的原则。

第七十九条 中华人民共和国主席、副主席由全国人民代表大会选举。

有选举权和被选举权的年满四十五周岁的中华人民共和国公民可以被选为中华人民共和国主席、副主席。

中华人民共和国主席、副主席每届任期同全国人民代表大会每届任期相同。

冲动是魔鬼

好几天呼噜噜都是没精打采的，做什么事也提不起精神，他还沉浸在失败的阴影中呢。才当了半个小时老大就被伙伴们罢免了，这事多丢人啊。

呼噜噜越想越伤心，越想越气愤：“如果没有哈皮捣乱，自己肯定不会被伙伴们罢免的。哈皮在学校是我的竞争对手，每次都输给我一名，肯定是想借机报复我，对，肯定是这样，就怪哈皮！我不能放过他，一定要教训他，让他以后不敢再欺负我。这次我要自己解决和他之间的纠纷，不要独角兽的帮忙，我要和他公平决斗！”

呼噜噜是个敢想敢做的“男子汉”，他很快写了一份战书。战书如下：

哈皮：

你在伙伴们面前公开侮辱我，让我被罢免了老大的位置，是可忍孰不可忍。

如果你是个男人，就在明天下午三点，到村头的小树林里来，我们决斗做个了断！如果你输了就自动辞掉双塘村兄弟大队队长的职务，并公开向我认输、道歉！如果我输了，以后就尊你为大哥，一切都听你的。

双方都不使用武器，拳脚见输赢。

这是我们两个人之间的事情，不许告诉任何人。

呼噜噜

哈皮接到呼噜噜的战书，不知所措。在老师眼中，哈皮一直是个好学生，从来不违反纪律，学习也认真刻苦。哈皮想："这件事是不是应该告诉老师呢？"转念一想："不行，如果告诉老师，肯定会被呼噜噜和伙伴们看不起的。"哈皮想和父母商量，但是爸爸妈妈都在远方的城市打工，不在身边。哈皮想和照顾自己的爷爷商量，可是爷爷的年龄都那么大了，身体又不好，万一爷爷一着急急坏了身子怎么办？去还是不去呢？哈皮陷入了沉思。

这种事情对一个只有十一岁的男孩来说，的确是件难以抉择的事情。

经过一个晚上的思考，哈皮决定还是接受挑战，因为哈皮认为自己已经是个男子汉了。

下午三点很快就到了。在村头的树林里，两个小男

子汉如约而至。还有看热闹的十几个伙伴，你知道，这种事情是不可能密不透风的，孩子们都想围观这难得的精彩对决。

呼噜噜：“这是生死状：‘呼噜噜和哈皮自愿决斗，如有死伤互不追究责任。’如果有胆子，就在上面签字。”

哈皮：“签就签！”

“好！”围观的孩子们都为两人的“勇敢”叫好。

呼噜噜与哈皮相对而立，正是仇人相见分外眼红。

原本大晴天的好天气突然之间刮起了大风，树叶飞舞，还淅淅沥沥地下起小雨来。

呼噜噜冲向哈皮，挥拳正中哈皮胸口。哈皮痛得龇牙咧嘴，这时也顾不上了，飞起一脚踢在呼噜噜的肚子上。混战中，只听“啊——”一声惨叫，哈皮捂着左眼倒在地上。这声惨叫实在太凄厉了。呼噜噜看着倒在地上捂着眼睛打滚的哈皮，吓坏了。也不知道为什么，这个时候的呼噜噜并没有胜利的快乐，而是感到了害怕。因为血正从哈皮的指缝里流下来……围观的孩子们看到这幅场景也被吓坏了。

也不知谁叫了一声：“快去告诉村长，送卫生院。”这时候大家才回过神来，跑得最快的阳杨撒腿就向村长家里奔去。

很快，村长还有其他几个大人来到了村头。村长已经来不及责备呼噜噜了，抱起哈皮上了拖拉机，飞一般地向乡卫生院开去。

树林里只剩下呼噜噜，一个人傻傻地站在树林里。雨已经下得很大了，雨水顺着呼噜噜的面颊往下淌，也许还夹杂着眼泪。也不知道过了多长时间，呼噜噜才缓过神来。他想起了独角兽。“幺洱丝，幺洱丝，幺洱丝。”

“主人，你闯大祸了，你太让我失望了。”不知道为什么，独角兽的眼睛里竟然含着泪水。“医生初步诊断，哈皮左眼晶体破裂，情况危急，正在被紧急送往县人民医院。估计他的左眼保不住了，要瞎了。按照刑法规定，打瞎一只眼睛构成重伤，构成故意伤害罪要判处三年以上十年以下有期徒刑。”

“啊，这么严重。”这次呼噜噜真的慌了，尽管呼噜噜对哈皮有一肚子气，但是他真的没有想到后果那么严重。呼噜噜说：“我们签了生死状，不用承担责任的。”

独角兽说：“生死状没有法律效力。不过刑法规定，年满十四周岁才需要对故意伤害致人重伤承担刑事责任。你现在只有十一岁，不需要承担刑事责任。”

“你的意思是说，我不需要坐牢了吗？”呼噜噜破涕为笑。

独角兽没好气地说：“不要高兴得太早了，按照刑法的规定，像你这样的情况很可能要被送去专门矫治教育，这和坐牢差不了多少啦，还要赔偿医疗费等费用。另外，最新修正的刑法刚把最低刑事责任年龄降低到了十二周岁，还好你不符合法定情形，否则经最高人民检察院核准追诉，也要负刑事责任。”

“独角兽，你要帮帮我。”这个时候，呼噜噜已经没有了半点男子汉的气概，泪眼哗哗地哀求道：“你一定要救我，我不想坐牢，我也没有钱赔啊！”

独角兽沉重地说：“我对你很失望，也很伤心。有一个秘密一直没有告诉你，今天可以告诉你了。我们独角兽的主人在长大成人后都会成为法律人，要么是保卫百姓的警察，要么是把罪犯送上法庭的检察官，也可能是依法办案的法官，还可能是守护正义的律师。你长大后会成为一名大法官，但是我没有想到我的主人竟然是……一定是国王弄错了。呜呜呜……”独角兽竟然也哭了起来，它边哭边说道：“国王怎么会派我来保护你呢……”

“我知道错了，你不是精灵嘛，你一定有办法。”呼噜噜哀求道。

“按照独角兽王国的规定，你有三次改正严重错误的机会。我这次可以帮你，但是你就只剩下两次机会了。如果再犯两次严重错误，没有人可以救得了你。”独角兽正色地教训起主人来。

“我答应你，以后再也不冲动，再也不犯错了。”呼噜噜坚定地说。

独角兽说：“我要使用一次法力，帮哈皮治好眼睛。但是，如何求哈皮原谅你，就是你自己的事情了。”

呼噜噜说：“如果你能治好哈皮的眼睛，我明天就去向他道歉。”

独角兽果然是本领高强的精灵，它悄悄地追上了拖拉机，往哈皮的眼睛里滴了一滴神秘的蓝药水，奇迹出现了，哈皮的眼睛竟然自行恢复了。

县医院紧急对哈皮的眼睛进行检查，结果发现哈皮的眼睛只是眼眶有些乌黑。老村长被县里的医生狠狠骂了一顿。老村长想，乡卫生院的医生明明说哈皮的眼睛快保不住了呀，怎么县里的医生检查没事呢？看来乡里的医生水平真是不行啊！

第二天，呼噜噜果然信守承诺，来到哈皮的家里，诚恳地向哈皮道歉并请求原谅。

“对不起哈皮，是我不对，我太冲动了。”呼噜噜还有些不好意思呢。

“没有关系，呼噜噜，我们在同村又是同学。其实这件事情我也有错。”哈皮也是一个通情达理的好孩子。

有句话说得好，“不打不相识”，经过决斗这件事情，呼噜噜和哈皮成了要好的朋友。

@ 法律禁止决斗

决斗是一种古老的做法和陈旧的习俗，曾经在一些国家很盛行。但是，现代法律已经禁止通过决斗的方式来解决纠纷。我国法律同样禁止公民之间的决斗行为，因此呼噜噜与哈皮之间相约决斗是违法的，视情节与后果可能要承担伤害他人的民事责任以及违反《中华人民共和国治安管理处罚法》的行政责任，甚至触犯《中华人民共和国刑法》的刑事责任。如果造成死伤后果，可能构成故意伤害罪或者故意杀人罪，并要承担相应的法律责任。

@ 生死状不能免责

"生死状"的内容违反法律禁止伤害他人的规定，因此是无效的，不能免除双方当事人的法律责任。

《中华人民共和国民法典》

第五百零六条 合同中的下列免责条款无效：

（一）造成对方人身损害的；

（二）因故意或者重大过失造成对方财产损失的。

《中华人民共和国民法典》是在2020年5月28日由第十三届全国人民代表大会第三次会议通过的，这是中华人民共和国成立以来第一部以"法典"命名的法律。民法典系统整合了我国七十多年来长期实践形成的民事法律规

范，汲取了中华民族五千多年的优秀法律文化，借鉴了人类法治文明建设有益成果，它被高度评价为是一部体现我国社会主义性质、符合人民利益和愿望、顺应时代发展要求的民法典，体现对生命健康、财产安全、交易便利、生活幸福、人格尊严等各方面权利平等保护的民法典，具有鲜明中国特色、实践特色、时代特色的民法典。

@ 没有达到刑事责任年龄不予刑事处罚，但在必要的时候，依法进行专门矫治教育

故意伤害他人致人重伤的，按照《中华人民共和国刑法》规定构成故意伤害罪要处三年以上十年以下有期徒刑。由于呼噜噜还未满十四周岁，还未达到刑事责任年龄，因此不对犯罪行为承担刑事责任。但是，这并不意味着呼噜噜不会对把哈皮打成重伤的行为承担任何责任。根据《中华人民共和国刑法》第十七条的规定，因为不满十六周岁不予刑事处罚的，在必要的时候，依法进行专门矫治教育。此外，呼噜噜及其监护人还要承担相应的民事责任，如赔礼道歉、赔偿医疗费用等。

鉴于最近一些低年龄未成年人恶性犯罪现象突出，2020年12月26日第十三届全国人民代表大会常务委员会第二十四次会议通过的《中华人民共和国刑法修正案（十一）》将刑事责任年龄下调到了十二周岁，增加规定："已满十二周岁不满十四周岁的人，犯故意杀人、故意伤害罪，致人死亡或者以特别残忍手段致人重伤造成严重残疾，情节恶劣，经最高人民检察院核准追诉的，应当负刑事责任。”

《中华人民共和国刑法》

第十七条 已满十六周岁的人犯罪，应当负刑事责任。

已满十四周岁不满十六周岁的人，犯故意杀人、故意伤害致人重伤或者死亡、强奸、抢劫、贩卖毒品、放火、爆炸、投放危险物质罪的，应当负刑事责任。

已满十二周岁不满十四周岁的人，犯故意杀人、故意伤害罪，致人死亡或者以特别残忍手段致人重伤造成严重残疾，情节恶劣，经最高人民检察院核准追诉的，应当负刑事责任。

对依照前三款规定追究刑事责任的不满十八周岁的人，应当从轻或者减轻处罚。

因不满十六周岁不予刑事处罚的，责令其父母或者其他监护人加以管教；在必要的时候，依法进行专门矫治教育。

第二百三十四条 故意伤害他人身体的，处三年以下有期徒刑、拘役或者管制。

犯前款罪，致人重伤的，处三年以上十年以下有期徒刑;致人死亡或者以特别残忍手段致人重伤造成严重残疾的，处十年以上有期徒刑、无期徒刑或者死刑。本法另有规定的，依照规定。

《中华人民共和国民法典》

第一千一百七十九条 侵害他人造成人身损害的，应当赔偿医疗费、护理费、交通费、营养费、住院伙食补助费等为治疗和康复支出的合理费用，以及因误工减少的收入。造成残疾的，还应当赔偿辅助器具费和残疾赔偿金；造成死亡的，还应当赔偿丧葬费和死亡赔偿金。

@ 学会对待不良情绪和挫折

犯罪学研究发现，一个人遭受挫折后容易产生不良情绪从而引起攻击行为。攻击行为包括“内攻击行为”，如自责、自残等；还包括“外攻击行为”，如攻击他人、伤害动物、毁坏物品等。每个人都有可能遭受挫折，学会自我疏解因为挫折而引起的不良情绪避免攻击行为非常必要。自我疏解不良情绪的方法很多，如深呼吸、静坐、运动、通过专注其他事情转移注意力等。

呼噜噜的困惑

经过决斗事件的教训后，呼噜噜决定做一个有责任心、热心帮助他人的好孩子。虽然说呼噜噜是独角兽的主人，但是呼噜噜已经和独角兽产生了越来越深的感情，他不想再看到独角兽含着泪花的眼神，再也不想让自己在双塘村唯一的亲人失望了。

最近几天，老师在课堂上讲了很多小英雄的故事，听得呼噜噜热血沸腾。呼噜噜暗下决心，也要做一名英雄少年。

连呼噜噜自己都没有想到，机会竟然来得这么快。

就像往常一样，呼噜噜走在放学回家的路上。突然，不远处传来呼救声，还听到几个小朋友的哭声。呼噜噜赶紧顺着呼救的声音跑到了学校不远处的湖边。湖边站着三四个光着身子的小孩，湖面上竟然还有两个人在挣扎，情况十分危急。肯定是有同学偷偷地下白水湖游泳，结果出事了。

“你们站在岸边干什么，为什么不去救同学？”呼噜噜怒斥道。

“湖水太深，还有漩涡，我们害怕，不敢去救。”几个偷着下湖游泳的孩子哭丧着脸回答。

“胆小鬼！”呼噜噜不屑地说道，“你们不去，我去！”

呼噜噜三岁就在村口的池塘里面游泳，自信游泳的技术还是不错的。湖面上两个落水小朋友的呼救声越来越弱，眼看就要沉下去了。呼噜噜也顾不了那么多了，衣服都没来得及脱就一跃跳进湖水中，拼命向落水的小朋友游去。

这一次呼噜噜有些高估了自己的游泳水平，虽然已经是初夏，但是湖水仍然有些冰凉。湖水中真的有漩涡，越靠近落水的小朋友，漩涡也越湍急。呼噜噜勇敢地向落水的小朋友游去，一把抓住了最近的小男孩，拖着向岸边游。小男孩已经呛得快不行了，都没有力气挣扎了。这样也好，呼噜噜可以顺利地把他拖到岸边去。在岸上小朋友的帮助下，这个小男孩得救了。

呼噜噜已经累得不行了，可是湖中还有一个男孩呢！呼噜噜深深地吸了一口气，重新向湖中心游去。一个漩涡打过来，呼噜噜呛了一大口水。“我一定要救他”，呼噜噜给自己鼓劲，在靠近落水的那个小朋友的时候，呼噜噜自己也没有力气了。落水的小男孩正要沉

下湖底，突然摸到了呼噜噜的腿，一把抓住死死不肯放开，呼噜噜拼命想挣扎，可是怎么也挣不脱，呼噜噜也被拖着直往湖底沉去。岸边的小朋友们都吓坏了！

呼噜噜绝望了，因为他连救自己的力气也没有了……

对了，独角兽！

“幺洱丝，幺洱丝，幺洱丝，独角兽快来救我!” 呼噜噜在心里喊道。他已经没有力气发出声音来了。

一道蓝光划破湖底，独角兽现身了。“怎么了？主人，有什么要求吗？湖底好美呀！你看那水草，那美丽的鱼儿……”

“快救我！”这可不是欣赏湖底美景的时候。

“糟糕，我忘了你是人类，会被水淹死的。抱歉，抱歉！”独角兽有些难为情地说。

呼噜噜觉得独角兽今天真是太啰唆了，可是他已经没有力气骂他的精灵了。“快，救……救……我。”

独角兽用它的肉角轻轻地点了一下呼噜噜，嗖，一阵蓝光，一个透明的防护罩罩住了呼噜噜和落水的小朋友。当然了，那个小朋友已经晕过去了，没有机会看到这么神奇的时刻了。

独角兽推着防护罩，把呼噜噜和落水的小朋友送到了岸边。岸边的小朋友们齐心协力把他们拉了上来，他们还以为是呼噜噜自己游到岸边来的呢！

两个落水的小朋友得救了，呼噜噜别提有多高兴了。

呼噜噜勇救落水儿童的英雄事迹很快就被传开了，学校专门组织了“学习呼噜噜同学先进事迹报告会”，让呼噜噜演讲救人的过程，还组织同学们进行讨论。这一次，呼噜噜真的成了所有同学的偶像。当然，只有呼噜噜知道，如果没有独角兽，自己肯定就被活活淹死啦！

但是，有一个人对呼噜噜的事迹半信半疑，他就是学校的门卫老张头。老张头从小就生活在白水湖边，对白水湖了如指掌。他去看过呼噜噜救人的地方，那是白水湖最深最凶险的地方，到处都是漩涡。一个十一岁的小孩，陷入那样的险境是必死无疑的，怎么可能来回两次救起两个人呢？

“呼噜噜，你真的在白水湖救起了两个人？”老张头终于忍不住在一个早上拦住呼噜噜问道。

“是的呀。”呼噜噜回答。

“我们大人一般都不敢在那个位置下水，你怎么可能救起两个人？”老张头满脸狐疑地问。

“我真的救起了两个人。”呼噜噜有些心虚了。

“呼噜噜，我知道你水性好。但要记住，连我都不敢贸然下湖救人。这次是你运气好，以后可千万不能再冒险了。”老张头语重心长地说。

“嗯，那我救人有错吗？”呼噜噜问道。

“当然没有错了，但是你还小，不知道害怕。不过要记住，小孩子‘见义要智为’，既要帮助别人，更要注意保护自己。”老张头回答。

“见义智为，这话不错，可是在当时那样紧急的情况下，怎么‘见义要智为’呢？”呼噜噜疑惑地说。

“在当时的情况下，你可以跑回学校叫老师啊，也可以向湖另一头的渔船求救啊。总之，办法很多，总能找到一个合适的方法……”望着呼噜噜这个可爱的孩子，也不知道怎么去解释了。其实连老张头自己也开始有些疑惑呢。

“您就放心吧，我肯定没事的。”看到老张头有些不知如何解释的样子，呼噜噜觉得有些好笑。呼噜噜差一点儿就想把独角兽的秘密告诉老张头，不过他还是忍住了。

老张头的好意提醒还是引起了呼噜噜的思考，在此后的先进事迹报告会上，呼噜噜不再渲染自己如何不顾危险的情节了。有一位记者知道了呼噜噜救人的事迹后写了一篇《未成年人是否应当舍己救人》的报道，引起了广泛的讨论。竟然有很多人认为呼噜噜不应该冒险救人，还有人公开批评学校组织呼噜噜先进事迹报告会的做法。呼噜噜一下子从救人英雄变成了争议人物，这可真是件令人困惑的事情。很多同学也都开始争论起呼噜噜该不该冒险救人的事来，不过争了大半天也没有什么结果。

以后再遇到这种情况，还该不该去救人呢？有些后怕的呼噜噜越来越困惑了。

@ 见义应智为，不提倡未成年人舍己救人

在我国，有很多少年舍己救人，这些少年的英雄之举是值得肯定的。但是，由于未成年人身心发育还不成熟，遇到突发危急情况应当首先保证自己的安全，学会见义智为，而不应盲目行动置自己于危险境地。

我国教育部曾经针对频发的英雄少年舍己救人现象，明确要求禁止组织未成年人参与救火，要求未成年人懂得在保证自身安全的前提下见义勇为。一些地方性法规也作出了类似的明确性规定。例如，《广东省教育厅〈学生伤害事故处理办法〉实施细则》规定，中小学校不得组织未成年学生参加救火、制止正在行凶的暴徒、跳入水中抢救溺水者等高度危险活动。《辽宁省消防条例》也规定，禁止组织未成年人参加火灾扑救。

智斗文物大盗

从五岁开始，呼噜噜就不得不自己照顾自己，一个人住在爷爷的爷爷的爷爷的……爷爷留下来的老屋子里，连老师都表扬呼噜噜是一个勇敢的男子汉。当然了，在双塘村里像呼噜噜那样从五六岁开始就自己照顾自己的孩子还有不少。想想看，一个只有十一岁的小男孩一个人在老屋里睡觉，再怎么胆大也难免会害怕的，当然呼噜噜从来不承认自己会害怕。不过自从“收了”小精灵独角兽之后，呼噜噜晚上睡觉明显安稳多了。

一个月黑风高的夜晚，风呼呼地吹，老屋又开始哐哐当当地响起来，和着呼噜噜的呼噜声、独角兽的磨牙声，真像交响乐团的演奏。不过说实话，这“交响乐”总有那么一点阴森森的味道，怪吓人的。

突然，两个黑影鬼鬼祟祟地出现在老屋围墙边的枣树下，噌、噌、噌，快速地爬上了枣树，顺着伸向院子里的树干三两下就进到了老屋的院子里。看得出来，这

两个黑影翻墙入院的手法十分娴熟。深夜翻入别人院内的人，肯定不是什么好人。这两个黑影正是公安部挂牌通缉的文物大盗——大龅牙和小毛鼠。

大龅牙和小毛鼠在“圈内”非常有名气，他们可不是浪得虚名。两人专偷有一千年以上历史的珍贵文物，而且从来没有失过手。大龅牙和小毛鼠是非常“敬业”和“刻苦”的文物大盗，在成为文物大盗之前，两个好兄弟苦读了五年时间，学习和研究各种文物知识，包括怎么样鉴别文物的真假，文物的分布特点，文物的保管、运输方法，文物的价值评估等，专业水平堪比大学文物教授了。这可不是吹牛的。有一次，大龅牙和小毛鼠听说一所大学的教授收藏了一件秦代的玉玺，各路文物专家都鉴定是真品，搞得全国文物大盗都手痒。大龅牙和小毛鼠费了九牛二虎之力潜入教授家中，结果只看了一眼就认定是假的。大龅牙和小毛鼠火冒三丈，写了公开举报信，结果这个著名教授身败名裂，大龅牙和小毛鼠在“圈内”名气也大增。

大龅牙和小毛鼠最看不起那些靠打打杀杀抢劫的罪犯，他们一点专业性也没有，档次太低了，像他们这样的专业罪犯，才应当是值得同行尊重的。不过大家别以为大龅牙和小毛鼠是什么侠盗，这两人可是心狠手辣，作案从来不留活口，都背负七条人命了。公安部在十年前就发了A级通缉令，可就是没能抓住这俩重犯。

在对一部关于审判的古书的研究中，大龅牙和小毛鼠发现双塘村有座曾经作为县太爷断案之所的有千年历史的老房子，像这样的公堂之所都有镇堂之宝——价值连城的玉制独角兽，如果能偷到手可就发大财了。

大龅牙和小毛鼠的确是非常专业的文物大盗，为了确保作案成功，他们好几天前就化装成收破烂的人潜到双塘村进行侦查，终于确定了呼噜噜一个人住的老屋就是千年公堂所在地。当他们发现只有呼噜噜一个人住在这栋房子里时，觉得不可思议：这肯定是警察设的圈套！不过，一想到价值连城的玉制独角兽，两个大盗还

是想冒一次险。在几次侦查之后，两个大盗小心翼翼地选择了一个月黑风高的夜晚潜入老屋行窃。

对于大龅牙和小毛鼠这样的文物大盗而言，翻墙入院是小菜一碟，撬开反锁的大门也是轻而易举。只是老屋实在太大了，要想把独角兽找出来可不是件容易的事。迷迷糊糊中，呼噜噜听到“窸窸窣窣”的声音，他还以为又是独角兽在磨牙呢，可是仔细一听不对劲。

“哎呀，有小偷！”呼噜噜吓出一身冷汗，正要尖叫起来，突然被一只毛茸茸的手捂住了嘴巴。“嘘——不要出声”，原来是独角兽。

“他们不是小偷，是心狠手辣的文物大盗。如果你突然尖叫会非常危险，文物大盗很可能会杀了你灭口！”独角兽轻声而又很严肃地对呼噜噜说。

“装睡，继续打呼噜！”独角兽竟然命令起主人来。

呼噜噜吓得六神无主，这可是他第一次遇到有贼钻到屋里来偷东西这种事情，而且竟然是心狠手辣的文物大盗！呼噜噜非常听话地“呼噜，呼噜”装睡起来。

大龅牙和小毛鼠听到呼噜噜的打呼噜声突然停顿了一下，马上警觉起来，大龅牙伸手摸出了明晃晃的尖刀。呼噜噜又继续打起呼噜来。“这个毛小孩，吓老子一大跳，原来是翻了个身。”大龅牙心里骂道，又放心地继续窸窸窣窣去找他们垂涎的宝贝。

突然，老屋阁楼上闪过一丝蓝光，但很快又诡异地消失了。“独角兽！”大龅牙和小毛鼠几乎同时兴奋地叫了起来！按照古书里的记载，独角兽在深夜里会发出蓝色的光。肯定藏在楼顶的房梁上！

大龅牙把横在地上的梯子架了起来。“兄弟，你上！”小毛鼠看了看黑乎乎、十多米高的阁楼，想到刚才那诡异的蓝光，“哎呀，兄弟，还是你上吧。”

别看这两个大盗经验丰富，可是心里面还很害怕呢。

“那咱们一起上吧。”大龅牙说。“大哥先请。”小毛鼠谦虚了起来。

“胆小鬼。”大龅牙心里骂道。两人一前一后爬上了梯子，上了阁楼。

“奇怪，蓝光呢？怎么不见了？”两个蟊贼在阁楼上翻来翻去，可就是不知道刚才的蓝光是从哪里发出来的。

突然，阁楼顶上飘出来一个发着蓝光的——骷髅头，牙齿还嘎吱嘎吱地一张一合，向大龅牙和小毛鼠缓缓地飘过来。“妈呀，鬼啊！”大龅牙和小毛鼠吓得屁滚尿流，连滚带爬地向楼梯口逃去。

“糟糕！梯子呢？”原来在大龅牙和小毛鼠爬上阁楼的时候，独角兽已经把梯子抽掉了，呼噜噜也早已经逃出老屋去叫大人了。现在，两个大盗可是上天无路入

地无门了。

“抓贼啊……”老屋外传来村长和村民的声音。两个已经被“骷髅”吓得瘫软的“大盗”束手就擒。

老村长拨通了110报警电话：“喂，警察吗？我们村里抓了两个小蠢贼，你们快来吧。”

不到半个小时，警车就呼啸着赶到了双塘村。像双塘村这样偏僻的地方，警察竟然能在不到30分钟的时间内就赶到，真是不容易啊。

“这不是大龅牙和小毛鼠这两个文物大盗嘛！”乡派出所所长张强兴奋地叫了起来。“全国警察找了十

年，没想到竟然被你们抓到了！”张所长满脸敬佩地对老村长说。

“什么大盗呀，又笨又胆小，我看就是两个小蟊贼！他们其实不是我们抓住的，是呼噜噜。这孩子真聪明，把两个小蟊贼困在阁楼上，还不知道用了什么方法把他们吓得瘫软在阁楼上，我们没费什么力气就把他们抓住了。”

呼噜噜眨巴眨巴眼睛说：“嘻嘻，我就是用了一点小手段，把他们骗到阁楼上，再抽掉了梯子，不值一提啦。”

张所长狐疑地看着瘦小的呼噜噜：“真的是你！不可思议，不可思议，这两个大盗可是杀人不眨眼呀！”张所长百思不得其解。

@面对犯罪侵害，学会自我保护

突然遭遇犯罪侵害切记：不可惊慌失措，也不可采取激怒或者诱发歹徒实施严重伤害行为的举动。例如，如果遇到入室盗窃的情况，惊慌失措或者盲目反抗常容易引起窃贼实施杀人灭口的行为。在这个故事中，呼噜噜没有和文物大盗发生正面冲突，而是非常机智地抓住了文物大盗，这是值得肯定的。

@常用紧急电话

报警求助：110

火灾：119

医疗救护：120

交通事故：122

110是最重要的紧急电话，根据公安部《110接处警工作规则》的规定，110报警服务台的职责范围主要包括报警、求助、投诉三个方面，其主要服务内容为：

1.紧急报警范围包括：（1）刑事案件；（2）治安案（事）件；（3）危及人身、财产安全或者社会治安秩序的群体性事件；（4）自然灾害、治安灾害事故；（5）其他需要公安机关处置的与违法犯罪有关的报警。

2.紧急求助范围包括：（1）发生溺水、坠楼、自杀等状况，需要公安机关紧急救助的；（2）老人、儿童以及智障人员、精神疾病患者等人员走失，需要公安机关在一定范围内帮助查找的；（3）公众遇到危难，处于孤立无援状况，需要立即救助的；（4）涉及水、电、气、热等公共设施出现险情，威胁公共安全、人身或者财产安全和工作、学习、生活秩序，需要公安机关先期紧急处置的；（5）需要公安机关处理的其他紧急求助事项。

目前，我国110报警电话已经和119火灾报警电话联网，一些省市也已经和120医疗救护电话联网，因此110是最重要的紧急电话，一定要牢记哦。

森林法则

双塘村四面环山，山清水秀，村里的小孩平时都喜欢跑到山林里玩耍。呼噜噜和小伙伴们把经常聚集的一片小树林当作自己的基地，起名叫“孩子国”，每天都在这里玩得不亦乐乎，可林子里的树木和小动物却遭了殃。独角兽看在眼里，皱起了眉头。

一天晚上，呼噜噜睡得正香，忽然被顶醒了，睁眼一看，独角兽正在面前盯着他看呢。呼噜噜揉揉眼睛说：“这么晚了你干什么啊？”

独角兽说：“我带你去一个奇妙的地方，有很多有趣的东西，你一定没看过。”

呼噜噜顿时有精神了，连忙说：“好啊，好啊！”

独角兽说道：“那你闭上眼睛。”

呼噜噜闭上眼睛，感觉一阵阵风嗖嗖从身边刮过，等独角兽说“到了”他连忙睁开眼睛一看，这不是“孩子国”吗？呼噜噜问道：“这里不是每天都来吗？有什么奇妙的！”

独角兽神秘地笑了笑，独角闪过一阵金光，说：“你再看看。”

呼噜噜觉得边上的树木越来越大，原来只有他膝盖高的小树苗，现在变得有学校的旗杆那么高，一只大马一样的蚂蚱呼地从他身边蹦了过

去。“咦，我怎么变小了？”呼噜噜惊奇不已。

“跟我来吧。”独角兽也变小了，带着他一起走进树丛。

“唉呀！我的胳臂真疼！”

“哎呦，我的腿！”

“我的翅膀断了，再也飞不起来了，呜呜呜……”

一阵阵哭泣呻吟声，不断传进呼噜噜的耳朵里。他问独角兽：“他们是谁？受伤了吗？”

“你过来这里就知道了。”

呼噜噜跟着独角兽走到一个树洞边，只见里面躺着断了腿的蛤蟆，失去翅膀的金龟子，断了尾巴的蜥蜴，还有好多受伤的小动物，都在不停地发出哀鸣。

独角兽说道：“他们就是你们白天的玩具。蛤蟆被你拎着甩到水里，腿就折了。蜥蜴被小胖墩用弹弓射了出去，尾巴也断了。金龟子被小眼镜用绳子绑着玩‘金龟拉磨’，翅膀弄掉了。还有很多小动物，都被你们弄伤了。”

“啊!我们都是好玩而已，不是有意要伤害它们的。”呼噜噜低下头说，“那以后我顶多不弄疼小动物就是了。”

“这还不够，你跟着我继续走。”

独角兽把呼噜噜带到水池旁边，他正好口渴，直接用手捧了一捧水，咕噜一声喝进嘴里，又马上“噗”

的一声吐了出来，连连呸道："什么怪味道！"一看双手，黑漆漆的像墨水一样。

"还不是你白天把墨水瓶扔到水里吓唬小鱼，结果池水被染黑了一角，就是你现在喝水的地方，现在你肚子里总算多了点墨水了，呵呵。"独角兽看着呼噜噜乌漆抹黑的嘴唇哈哈大笑。

"就是你！就是你！把我家都弄脏了，还害我难受了好几天，差点生了病。"不远处一条小鱼跳出水面，愤愤地数落。

"对不起，我以后再也不往水里丢东西了。"呼噜噜吐吐黑色的舌头。

他正想赶紧找点干净的水漱口，突然起了一阵风，一个巨大的白色口袋像降落伞一样呼地罩了过来，把他整个人包了进去。呼噜噜刚好一迈腿，顿时摔倒在地，还打了几个滚儿，白口袋像渔网一样把他缠得紧紧的，呼噜噜动弹不得，呼吸也越来越困难。正在他难受的时候，独角兽用牙齿把白口袋咬开，又费了半天的劲，才把呼噜噜弄了出来。

"这是什么怪物啊？"呼噜噜坐在地上直喘气。

"这是塑料袋，你中午吃完地瓜，顺手把装地瓜的袋子丢在这儿了，现在真的是作茧自缚了。这种塑料袋，即使埋到土里一百年，也无法被土壤分解吸收。只能回收再利用，才不会污染环境。"

“我一定改掉乱丢东西的坏习惯，免得害人害己。”呼噜噜的脸还红着，也不知道是刚才憋的还是羞的。

“给。”独角兽嘴里叼着一片叶子，上面盛着满满的露水。

呼噜噜漱口洗脸，又饱饱地喝了一顿，咂着嘴说：“真甜，谢谢你。”

独角兽说：“这回你可谢错人了，是栗树哥哥送你喝的。”

“啊，它在哪里？”呼噜噜往四周一看，没有别人啊。

这时头上一个憨厚的声音说道：“我在这里。”

呼噜噜抬头一看，眼前是一棵高大的栗树，主干上的树枝稀稀疏疏的，树叶也稀稀拉拉，只剩两个枝丫正一晃一晃地向他打着招呼。

“谢谢你，栗树哥哥。”

“不用客气。来到林子里，就是大家的朋友。不过希望你们下次来，不要随便折我的树枝和叶子，这样我会很疼。而且枝叶不够多的话，将来我的花果就会少很多，你们也不能摘栗子吃了。”

“对不起，对不起，我还以为树木没有感觉呢。”最喜欢折树干当武器打架玩的呼噜噜，只能一个劲儿地道歉，来表达自己的悔意。

“每个生命，包括植物和动物，都有自己的感觉和情绪，只是你们没有细心留意过而已。只要把它们当成

朋友，你就能理解它们的感受。”独角兽微笑道。

“嗯。”呼噜噜用力点着头。

“小偷！把孩子还给我！”随着一个愤怒的声音，一只巨大的猫头鹰突然从天而降，直扑向呼噜噜。

“救命啊！”呼噜噜一声大喊，翻身倒在了地上。丁零！丁零零！熟悉的早起铃声让他回过神来，再一看，自己正躺在床上，

被子被踢到了地上。

“难道昨晚是在做梦？”呼噜噜舔了舔嘴唇，仿佛还留有甘甜的露水味道。

“独角兽！独角兽！昨晚的事情是真的吗？”

“那些坏事你和你的伙伴们都做过没有，你不是很清楚吗？至于后果如何，你也亲身体验到了吧。”

“嗯，我明白了，以后我会做森林的好伙伴，大自然的一切都是我的朋友。”

“不只你自己要这样做，你的朋友们也要如此，这样你们的‘孩子国’才能真正成为这座森林、这座大山的一部分。”

呼噜噜下了决心，就召集齐伙伴们，告诉他们和森林相处的规则。有些小伙伴满不在乎，呼噜噜想了个主意，大家一起玩角色扮演的小游戏，猜拳输了的就扮演动物或植物，然后大家一起按以前玩的方式来对待他。小胖墩被当作弹子滚了几回以后，就连连告饶；小眼镜拉着绳子围树干转了几圈，也是头晕眼花。其他小伙伴也轮流尝到了自己对待动植物的粗暴，纷纷表示以后不再破坏森林、虐待小动物了。

于是他们把乱扔的垃圾收拾起来，扶起弄歪的小树，给受伤的小动物治疗，将偷来的雏鸟送回鸟巢。他们给自己起了个威风的名字，叫“森林小卫士”，还写了一张“森林法则”贴在森林入口。内容是：“把动

物当成伙伴，它们也会把我们当成伙伴；把树木当作朋友，它们也会把我们当成朋友；把森林当成自己的家，它也会像家人一样爱护我们。随意伤害动植物，就是伤害朋友，将来就会失去它们的帮助；随意破坏大自然，污染环境，就是弄脏我们的家，最终毒害我们自己。绿水青山，就是金山银山！”

@ 保护环境，人人有责

人类只有一个地球，地球妈妈哺育了人类。从前的地球山清水秀，但是随着人类对环境保护的漠视，现在环境污染已经成为一个全球性的问题。例如，气候变暖、臭氧层破坏、生物多样性减少、酸雨蔓延、森林锐减、土地荒漠化、大气污染、水体污染、海洋污染、固体废物污染等，许多从前生活在地球上的动物、植物都已经因为人类对环境的破坏而灭绝。习近平总书记指出：“绿水青山就是金山银山。”为了人类的未来，我们必须注意保护环境，保护环境就是保护人类的未来。

《中华人民共和国环境保护法》

第二条　本法所称环境，是指影响人类生存和发展的各种天然的和经过人工改造的自然因素的总体，包括大气、水、海洋、土地、矿藏、森林、草原、湿地、野生生物、自然遗迹、人文遗迹、自然保护区、风景名胜区、城市和乡村等。

第六条 一切单位和个人都有保护环境的义务。

地方各级人民政府应当对本行政区域的环境质量负责。

企业事业单位和其他生产经营者应当防止、减少环境污染和生态破坏，对所造成的损害依法承担责任。

公民应当增强环境保护意识，采取低碳、节俭的生活方式，自觉履行环境保护义务。

《中华人民共和国水土保持法》

第二条第二款 本法所称水土保持，是指对自然因素和人为活动造成水土流失所采取的预防和治理措施。

第八条 任何单位和个人都有保护水土资源、预防和治理水土流失的义务，并有权对破坏水土资源、造成水土流失的行为进行举报。

《中华人民共和国野生动物保护法》

第六条 任何组织和个人都有保护野生动物及其栖息地的义务。禁止违法猎捕野生动物、破坏野生动物栖息地。

任何组织和个人都有权向有关部门和机关举报或者控告违反本法的行为。野生动物保护主管部门和其他有关部门、机关对举报或者控告，应当及时依法处理。

呼噜噜考了第一名

呼噜噜学习很刻苦，但是每次都考第二名，而小眼镜每次都是第一名。呼噜噜对小眼镜很不服气，一直郁闷得很。“我一定要考赢小眼镜，报仇雪恨！”呼噜噜有这个想法好几次了，但每次都失败了。

期末考试快到了，现在的呼噜噜可是今非昔比，因为他有了独角兽。“独角兽的魔法肯定可以帮助我考第一名。”呼噜噜心里想，好几次他都想请独角兽出手相助，但不知道为什么每次话到嘴边又咽了回去。

明天就要期末考试了，呼噜噜再也忍不住了。

“幺洱丝，幺洱丝，幺洱丝。”

“主人，您有什么事吗？”独角兽眨巴着眼睛问。

“你能不能把我变聪明一点？比如说期末考试考个第一名之类的。”呼噜噜把憋在心里好多天的话说了出来，一下子感觉舒服多了。

“我没有那个魔力直接改变一个人的大脑。再说你也不笨啊，为什么想变聪明呢？”

“我老是考不好，每次都比小眼镜落后一名。”呼噜噜委屈地说。

独角兽说：“怎么会呢？你的脑瓜又不比别的同学笨，每次能考全班第二名，成绩也不错呵。”

“好什么呀，每次都输给小眼镜，我不服气。”呼噜噜不自觉地提高了嗓门。

“你很聪明，但是不够努力，睡觉比小眼镜早，起床比小眼镜晚，上课也没有小眼镜认真。”独角兽点中了呼噜噜的要害。

呼噜噜涨红了脸：“我努力了呀，是因为不聪明！不行，不行，你必须要帮我考第一名。比如说在我考试的时候告诉我答案就行了，难道你连这样的本事都没有？！”

“这点本事当然有了，但是我真的不能帮你在考试时弄虚作假，我不能这样做，这是我们独角兽王国的规定。”独角兽的头摇得跟拨浪鼓似的。

“既然你不能把答案告诉我，那你就在考试的时候把小眼镜弄个肚子痛或者想个其他方法，让他考不好，这样不就行了吗？我考出来的成绩也是真实的，这样你不就没有帮我弄虚作假吗？”

“这个，这个，好像也不行吧。我要查一下独角兽王国的法典，看是不是行……”独角兽被呼噜噜弄晕

了，呼噜噜考试的成绩是真实的，这样好像是不算弄虚作假吧？

“就这么定了，这是主人的命令！”呼噜噜坚定地说。

“这个，这个……好吧。”独角兽晕晕地说。

第二天考试开始了，呼噜噜想到自己要考第一名了，答起题来特别顺畅，很快就完成了试卷。再看看邻座的小眼镜，一边答题一边捂着肚子，呼噜噜只想笑，真是解气呵。

终于到了公布成绩的这天，呼噜噜果然如愿考了第一名，别提多兴奋了。呼噜噜得意洋洋地回到家，正要把好消息告诉独角兽，却发现阁楼上的箱子里空空如也，独角兽不见了！

呼噜噜在心里默念：“幺洱丝，幺洱丝……”没有反应。“幺洱丝，幺洱丝……”呼噜噜大声叫了起来，还是没有反应，独角兽不见了！

呼噜噜着急了起来，可是找遍了老屋仍不见独角兽的踪影，任凭怎么念咒语，独角兽也不现身了。别看呼噜噜和独角兽只是相处了几个月，但是他们已经有了深厚的感情。父母都不在身边，呼噜噜已经把独角兽当成了最亲的亲人。上学路上不害怕，晚上睡觉也踏实了，平常还有人说话……可是现在独角兽不见了！“呜呜呜呜……”呼噜噜伤心得哭了起来。

天色渐渐暗了下来，也不知道哭了多久，呼噜噜迷迷糊糊地在阁楼上睡着了。突然，一个熟悉的声音在耳边轻轻地响起："呼噜噜，呼噜噜……"

"独角兽！"呼噜噜兴奋地爬了起来，可是他什么也没有看见。"是你吗，独角兽？"

"是的，我现在被关在独角兽王国的监狱里，我要在这里服苦役一个月。"那个声音轻轻地说，呼噜噜可以感觉到声音中的伤感与疲惫。

"怎么会这样？为什么呀？"呼噜噜着急地问。

"按照独角兽王国刑法第一百八十三条的规定：如果使用魔法帮助主人实施欺诈行为获取不正当的名利，处一个月以上一万年以下苦役。昨天独角兽王国的超级警察就把我抓去了，因为我是初犯，情节较轻，被轻判了一个月苦役。现在我在独角兽王国的苦役场建造巨石屋，不得动用魔法。我现在好累……"

"对不起，是我害了你！"呼噜噜泪流满面地说。

"保重，呼——噜——噜——"独角兽的声音慢慢地消失了。

独角兽不在了，呼噜噜每天生活在深深的自责与后悔中。一想到独角兽因为自己而受苦，他就忍不住流下悔恨的眼泪。呼噜噜没有想到会连累独角兽，而且后果会那么严重。"以后我再也不会用不正当的手段去获得名利了，我要做一个诚实的人。唉，应该受惩罚的人是我，独角兽王国乱处罚，我要把独角兽替换出来！”

突然，一个光球从窗外飞了进来，落地变成了一个长着山羊一样长胡子的独角兽。它威严地看着呼噜噜，说道：“你就是呼噜噜，小独角兽的守护对象？”

“是我，请问您是？”已经有过发现独角兽的经历，呼噜噜竟然一点也不意外。

“我是独角兽王国的上诉法院法官庞德，我听到了你对独角兽案件判决的不满，你有权上诉。”

“真的？”呼噜噜发现了一线希望，“作弊的人是我，命令独角兽帮忙的人是我，所以应该受惩罚的人是我，不应该是独角兽！如果一定要有人受罚，请惩罚我吧！”呼噜噜的眼中闪烁着泪花。

“你说的有一定道理，你们是共犯而且你是主犯，但你是人类，按照我们独角兽王国的法律不能处罚你。不过，你这种勇于承担责任的精神，很让人敬佩。”庞德法官微笑着说，看来庞德法官有些被呼噜噜感动了。

“您就放了小独角兽吧，我去服苦役！求求您了。”呼噜噜激动地说。

“我没有权力放了小独角兽，也没有权力让你替代小独角兽服刑，独角兽王国的判决如果没有错误是不能改的。唉，我只能深表遗憾。”庞德法官叹了一口气。

“哇……”呼噜噜忍不住大哭了起来。

“这个，别哭了，乖……”庞德法官有些不知所措

了，它不知道怎么样安慰呼噜噜。“这样吧，我带你去探望小独角兽，怎么样？”

“好啊！”呼噜噜马上破涕为笑，真是一个孩子。

“跟我来。”庞德法官颤巍巍地在前面带路，它都六千岁了，真是够老的，难怪走路颤巍巍的。

呼噜噜很纳闷，这可怎么去独角兽王国呢？

庞德法官来到客厅里，“这客厅还是老样子，砖还是这些砖，一点都没有变呀。”庞德一边走一边嘀咕着。

“您来过这里？”呼噜噜有些疑惑地问。

“是的，我曾经做过这栋房子的主人噜噜呼的守护精灵，那已经是快一千年前的事情了。噜噜呼大人是个好官，铁面无私，断案如神。他是你爷爷的爷爷的……爷爷。”

“原来是这样！”呼噜噜明白了。

庞德法官在客厅里踱了三圈，停在了距离门槛的第三块地砖上。“呼噜噜，你过来。你站在第四块砖上。”

呼噜噜站在了第四块砖上。“啊玛尼玛尼嚯……”庞德法官开始念起了咒语。

“嘎——嘎——”地砖一块一块地叠了起来，地面出现了一个洞口。庞德法官颤巍巍地顺着石阶而下：“来吧，孩子，跟我来。”

石阶的尽头是一条奔腾的地下河，河边有一只独木舟。庞德法官和呼噜噜上了独木舟，这木舟还真有点小呵，站在上面随时有掉入河中的危险。呼噜噜感到有些害怕了，但是一想到可以见到小独角兽，呼噜噜马上又变得勇敢了起来。

“这条河通往独角兽苦役场，所有犯了罪的独角兽都在那里接受惩罚，建造巨石屋。当年你爷爷的爷爷的爷爷……的爷爷也是这样去探望我的。”庞德法官显然是想起了什么往事，它的眼中竟然也闪烁着泪花。

不知道漂流了多长时间，独木舟在一挂瀑布前的一块大石头边停了下来。庞德法官按了一下大石头的一块凸起的地方，瀑布向两边收了起来，河面升起了一座彩

虹桥。如果不是急着见到小独角兽，这场面的确够壮观的，只是呼噜噜现在没有心情欣赏了。

庞德法官带着呼噜噜登上了桥，河对岸出现了巨大的石头山，一大群独角兽正在凿山。

“它们不会想把石头山凿成石屋吧？”呼噜噜倒吸了一口冷气，这该是多么巨大而又痛苦的工程啊！

“呼噜噜——”一个熟悉的声音从一块大石头后面传来。“独角兽！”是的，对面跑来的正是呼噜噜又愧疚又想念的独角兽。

呼噜噜和独角兽紧紧地拥抱在了一起，两人都流下了热泪。

任凭呼噜噜怎么求情，独角兽仍然要服完一个月的苦役，呼噜噜又回到了一个人独自生活的日子。

@ 诚信是一种美德，也是一种法律原则

诚信包括诚实和信用两层含义。诚实是指言行真实，合乎真实情况，无虚假、欺诈。信用是指信守约定或承诺的规则，履行和承担由约定或承诺的规则所确定的职责。诚信是为人处世的一种基本美德，诚信的人才会受到大家的欢迎，通过诚信的方式取得的成功也才是令人尊敬的。

诚实信用也是一种法律原则。法律明确要求在民事活动中遵守诚实信用原则，违反诚实信用原则轻的要承担民事上的法律责任，严重的欺骗行为还可能构成犯罪承担刑事责任。

《中华人民共和国民法典》

第七条 民事主体从事民事活动，应当遵循诚信原则，秉持诚实，恪守承诺。

@了解一点程序法知识

庞德法官是独角兽王国上诉法院法官，如果对判决不服可以上诉。在我国，如果当事人对判决、裁定不服也可以上诉。因为我国实行的是“两审终审制”，一个案件经过两级人民法院审理即告终结。

如果当事人对地方各级人民法院审理的第一审案件所作出的判决和裁定不服，可以依法向上一级人民法院提起上诉，要求上一级人民法院对案件进行第二次审判；经第二审人民法院对案件进行审理，所作出的判决和裁定是终审判决和裁定，当事人不服不得再提起上诉，人民法院也不得按照上诉审程序审理。

根据两审终审制度的要求，地方各级人民法院审理第一审案件，在作出判决和裁定之后，还不能立即发生法律效力，只有在法定的期限内有上诉权的当事人没有上诉，

人民检察院也没有提出抗诉的情况下，第一审判决、裁定才能发生法律效力。如果在法定期限内有上诉权的人提出上诉，或者人民检察院提出抗诉，上一级人民法院才能对案件进行审理。第一审法院的判决、裁定也就不发生法律效力。

我国人民法院分为四级：最高人民法院、高级人民法院、中级人民法院和基层人民法院。因此，我国的两审终审制也称为“四级两审终审制”。

我国有三部最重要的程序法典，分别是《中华人民共和国民事诉讼法》《中华人民共和国行政诉讼法》《中华人民共和国刑事诉讼法》。

《中华人民共和国民事诉讼法》

第十条 人民法院审理民事案件，依照法律规定实行合议、回避、公开审判和两审终审制度。

《中华人民共和国行政诉讼法》

第七条 人民法院审理行政案件，依法实行合议、回避、公开审判和两审终审制度。

《中华人民共和国刑事诉讼法》

第十条 人民法院审判案件，实行两审终审制。

呼噜噜“恋爱”了

独角兽没有出现的时候，呼噜噜原本就一个人生活，但是这一次也不知道为什么，呼噜噜觉得特别孤单和痛苦。天不亮就打着火把上学，晚上天快黑了才回到家，每天重复着这样的日子，真乏味！呼噜噜数着日子，盼望着独角兽早点回到自己身边。以前时间过得那么快，怎么时间突然变得这么慢了呢，呼噜噜觉得真是纳闷。

放学了，呼噜噜没有像往常一样和伙伴们一起回家。班主任戴老师发现呼噜噜最近的状态不太对，每天上课无精打采、心不在焉，常常开小差，于是把他留了下来。

“呼噜噜，你最近怎么回事呀，为什么上课无精打采的，是不是遇到什么事情了？”戴老师关心地问。

“没有啦，是因为……其实也没有什么啦……”看到戴老师那么关心自己，呼噜噜有些感动，差一点就把

独角兽的秘密说了出来。

戴老师问了半天，也没有发现什么异常的地方，心里想，看来这孩子最近想妈妈了，班上很多留守儿童都这样，于是也没有再问下去。“天色有些晚了，我送你回家吧。”戴老师对呼噜噜真是不错。

“不用了，戴老师，现在天还没有完全黑，回家的路那么熟悉了，不用麻烦您了，再说我已经不是小孩子了。”其实呼噜噜很想戴老师送他回家，这倒并不是因为害怕，而是他喜欢有人送他回家的感觉。可是呼噜噜是个懂事的孩子，他不想给戴老师添麻烦，因为戴老师也要回家照顾家人呢。

走到半路，天色就暗了下来，呼噜噜加快了回家的脚步，穿过小树林就能回到双塘村了。

“救命啊，救命啊……” 突然，树林里传来呼救的声音，不远处有一个黑影正在把一个小女孩推倒在地，小女孩拼命地挣扎、反抗。

有了上次冒失救人的经历，这一次呼噜噜变聪明了。呼噜噜大声地说：“爸爸，快一点，我们快到家了。爸爸，前边有坏人！”

果然，黑影马上停止欺负小女孩，撒腿就逃跑了。

“叔叔，谢谢你及时救了我，要不然我就被坏人欺负了……呜呜……”小女孩从地上爬了起来，一边哭一边道谢。

“不，是我救了你。”呼噜噜哈哈笑了起来，“没有什么叔叔。”

“你真聪明，能告诉我你的名字吗？”小女孩问。

小女孩的声音真好听，可惜天太黑看不清楚她的模样。“我叫呼噜噜，在坑塘小学读书，就住在前边的双塘村。”呼噜噜自我介绍了起来。

“我叫甜妞，住在旁边的马围村，也在坑塘小学读书。谢谢你救了我，你真聪明，真勇敢！”

“没什么呀，这是我应该做的。那个坏人是谁？报警抓住他，我送你回家吧。”呼噜噜说。

呼噜噜像个小绅士一般把甜妞送回了马围村。两人一路聊得很投缘，原来甜妞的爸爸妈妈也在外打工，她和奶奶住在一起。今天放学后回家晚了，结果遇到了坏人。可惜天色太晚，甜妞没有看清坏人的样子。

“以后我们可以一起上学，一起回家吗？我害怕。”甜妞怯怯地问。

“当然可以了，以后上学时我来接你，放学后我送你回家。”呼噜噜高兴地答应了下来，然后一路吹着口哨回家了。也不知道为什么，呼噜噜突然觉得特别有精神了。

和甜妞一起去学校一起放学后回家，真是件快乐的事情。呼噜噜看得出，甜妞也很高兴有人陪着上学放学。早上，呼噜噜会把煮好当早餐的地瓜多留下一个送给甜妞吃，放学回家的路上两个人也会一起谈论一天中在学校最有趣的事情。慢慢地，上学和放学就成了呼噜噜每天最期待的事情，呼噜噜也渐渐地不那么想独角兽了。

呼噜噜最担心的是周末，因为不用陪甜妞上学放学，也就见不到甜妞了。在周末，呼噜噜其实也很想去找甜妞，但不知道为什么每次总觉得有些胆怯和害羞。

呼噜噜可不是一个腼腆的小孩，可是不知道为什么在甜妞面前越来越“胆怯”了。这种感觉真是奇妙，有些激动，有些腼腆，有些羞涩，还有些期待。“我一定是喜欢上甜妞了。”呼噜噜心里想。

好几次呼噜噜都想向甜妞表白，可是“我喜欢你”这四个字几次到嘴边都硬生生咽了回去。

甜妞似乎知道了些什么。有一天，在俩人一起上学的路上，甜妞突然问呼噜噜：“你是不是喜欢我了？”

呼噜噜一点心理准备都没有，支支吾吾地说：“啊，这个，这个……”

“你到底是喜欢还是不喜欢？”甜妞厉声问。

呼噜噜也不知道哪里来的勇气，大声地说：“喜欢！”呼噜噜和甜妞就这么确立了“恋爱”关系。幸福来得太突然了，呼噜噜晕乎乎的。接下来的日子可真是美妙，呼噜噜心里时刻想着、念着甜妞，一天不见，不，一小时不见，不，一分钟不见，呼噜噜就觉得难受。上课想着甜妞，做梦也梦见甜妞。每天呼噜噜和甜妞出双入对，很快他们就成了学校里最让人羡慕的“一对”。当然，很快老师们也知道了呼噜噜和甜妞“恋爱”的事。

呼噜噜每天上课魂不守舍，对班级活动也不关心了，成绩更是直线下降。班主任戴老师看在眼里，急在心里。读小学就开始恋爱，现在的孩子啊！戴老师重重地叹了口气。“这样下去怎么可以，我必须挽救呼噜噜，不能看着他堕落下去！”戴老师心里想。

第二天，呼噜噜被戴老师单独留了下来。“呼噜噜，下课后立即到我办公室来！”

呼噜噜预感不妙，因为戴老师平常说话和颜悦色，而这一次的语气竟然那么严厉。

“你和甜妞在谈恋爱？”戴老师劈头就问，“小小年纪不好好读书，竟然早恋！”

“哦，嗯，老师，我……”呼噜噜支支吾吾想说些什么。

“不用说了！”戴老师厉声呵斥，“还不承认错误，赶紧改正。我告诉你，早恋的危害巨大，影响身体健康、心理健康，干扰学习，容易导致越轨行为，甚至还会导致违法犯罪！”

“这么严重啊……”呼噜噜被戴老师批评得脸色煞白。

“从明天开始，和甜妞断绝来往，否则学校要给你处分，记过，开除！回去好好想想吧。”戴老师有些抓狂了。

不知道为什么，呼噜噜的眼泪哗啦啦就掉了下来。呼噜噜一路掉眼泪，一路往家里走。走到小树林的时候，一个熟悉的声音传来。

“呼噜噜，你怎么才来呀，我都等你好长时间了。”原来是甜妞。

“呜，呜，呜。”呼噜噜可不是那种愿意在“女朋友”面前哭鼻子的孩子，但是这一次他没有忍住。“我们以后不能在一起了……呜呜呜……”

“为什么呀？”泪水在甜妞的眼眶中打转。

“老师说我们早恋，如果不分开，就要处分我们。”呼噜噜委屈地说。

“那你就听老师的话了……”甜妞没能憋住，眼泪

哗啦啦地流了下来。

“我，我……”呼噜噜不知道说什么好。

“分手就分手！以后不要再来找我了！”甜妞捂着脸，扭头就跑了。

真没有想到，呼噜噜的第一次“恋爱”就要这样结束了。

呼噜噜神情恍惚地回到老屋，他竟然忘了，今天是独角兽服完苦役回到双塘村的日子。

“哈！呼噜噜，我回来了，我等你一天了！”独角兽兴冲冲地扑向呼噜噜的怀抱。

“哦，你回来了。”呼噜噜无精打采地说，“我睡觉了。”

还以为呼噜噜会高兴得跳了起来，结果……独角兽真是太失落了。不过独角兽毕竟是精灵，它很快就知道了呼噜噜失魂落魄的原因。

“哼，真是个‘重色轻友’的家伙！”独角兽撇了撇嘴。

“我有‘忘情水’，喝了就会忘掉‘恋人’，如果你忘不了你那个叫什么甜妞的可以跟我说一声啊——”

独角兽好像有点吃主人的醋呢。

@避免进入风险情境是预防性侵的第一守则

性侵是侵害未成年人的主要犯罪类型。据最高人民检察院发布的《未成年人检察工作白皮书（2014-2019）》公布的数据，2017年至2019年，检察机关起诉成年人强奸未成年人犯罪分别为7550人、9267人、12 912人，2018年和2019年同比分别上升22.74%、39.33%，起诉猥亵儿童犯罪分别为2388人、3282人、5124人，同比分别上升37.44%、56.12%，起诉强制猥亵、侮辱未成年人犯罪665人、896人、1302人，同比分别上升34.74%、45.31%。与2017年相比，2019年检察机关起诉上述三类犯罪人数占侵害未成年人犯罪总人数的比例也由22.34%上升到30.72%。

尽管从统计数字来看，女孩是性侵的主要受害群体，但男孩遭受性侵的情况也并不少见。无论是女孩还是男孩，都应该有防范性侵的意识。避免遭受性侵的第一守则是：避免进入容易遭受性侵的风险情境。未成年人遭受性侵的风险情境通常包括潜在犯罪人、风险时间、风险空间、保护人缺位四个要素，如果一个孩子进入叠加上述风险的危险情境就很有可能遭受侵害。

放学回家晚了（风险时间）+独自一人（保护人缺位）+小树林（风险空间）+坏人（潜在犯罪人）=甜妞遭遇性侵事件。幸好呼噜噜机智地打破了保护人缺位这一风险因素，才避免了甜妞被坏人强奸这一不堪设想的后果。

@早恋危害多

早恋，通常也被称为“青春期恋爱”，指的是未成年男女建立恋爱关系或对异性感兴趣、痴情或暗恋。在家长、老师看来，早恋是一种应当禁止的损害未成年人身心健康、影响学业的不良行为，不过《中华人民共和国预防未成年人犯罪法》并没有明确地把早恋作为一种未成年人不良行为。

家长、老师的这种看法可能会和一些孩子的看法不一致，有的人会认为早恋也有益处，比如，促进孩子的成熟，促进学习等。但是，从实际情况来看，绝大多数未成年人早恋的后果都是负面的而不是积极的。

@早恋中的“罗密欧与朱丽叶效应”

罗密欧与朱丽叶是莎士比亚名剧《罗密欧与朱丽叶》中爱情悲剧的主角，两人的家族是世仇，但他们却相爱了。家族的矛盾、家庭的反对与阻扰不但没有冲淡他们之间的感情，反而让他们的爱更加炽烈，并最后殉情而死。心理学上把这种受到的干预、阻碍越多，爱得更强烈的现象称为“罗密欧与朱丽叶效应”。

心理学上的“罗密欧与朱丽叶效应”很有启发，它提醒父母和老师，如果发现孩子早恋，积极引导、疏导是最好的方法，而不宜横加干涉阻挠。

《中华人民共和国刑法》

第二百三十六条 以暴力、胁迫或者其他手段强奸妇女的，处三年以上十年以下有期徒刑。

奸淫不满十四周岁的幼女的，以强奸论，从重处罚。

强奸妇女、奸淫幼女，有下列情形之一的，处十年以上有期徒刑、无期徒刑或者死刑：

（一）强奸妇女、奸淫幼女情节恶劣的；

（二）强奸妇女、奸淫幼女多人的；

（三）在公共场所当众强奸妇女、奸淫幼女的；

（四）二人以上轮奸的；

（五）奸淫不满十周岁的幼女或者造成幼女伤害的；

（六）致使被害人重伤、死亡或者造成其他严重后果的。

第二百三十六条之一　对已满十四周岁不满十六周岁的未成年女性负有监护、收养、看护、教育、医疗等特殊职责的人员，与该未成年女性发生性关系的，处三年以下有期徒刑；情节恶劣的，处三年以上十年以下有期徒刑。

有前款行为，同时又构成本法第二百三十六条规定之罪的，依照处罚较重的规定定罪处罚。

第二百三十七条　以暴力、胁迫或者其他方法强制猥亵他人或者侮辱妇女的，处五年以下有期徒刑或者拘役。

聚众或者在公共场所当众犯前款罪的，或者有其他恶劣情节的，处五年以上有期徒刑。

猥亵儿童的，处五年以下有期徒刑；有下列情形之一的，处五年以上有期徒刑：

（一）猥亵儿童多人或者多次的；

（二）聚众猥亵儿童的，或者在公共场所当众猥亵儿童，情节恶劣的；

（三）造成儿童伤害或者其他严重后果的；

（四）猥亵手段恶劣或者有其他恶劣情节的。

呼噜噜的委屈

呼噜噜的“初恋”就这么结束了，来得快，去得也快。可惜了独角兽的“忘情水”，没有派上用场。

只是过去了很长时间，呼噜噜的状态一直没有恢复，落下的学习也不是一时半会儿可以补回来的。这几天从学校回来，呼噜噜都是满脸的委屈，第二天上学又一副不大乐意的样子，磨磨蹭蹭地不想去学校。独角兽觉得很奇怪，问他又不肯说。

“呼噜噜肯定又遇见什么事了，我一定要弄个究竟。”独角兽的本领大得很呢，他悄悄地把自己变小，偷偷钻进呼噜噜的书包，跟着呼噜噜来到了学校。

第一节课是英文课，张老师分发了上周的考卷，然后说：“上单元考试大家考得不错，特别是吴小刚同学，这次又得了第一，希望大家都向他学习。其他同学也都有进步，要再接再厉。不过呼噜噜同学要注意了，这次竟然考了不及格，以后不要再整天开小差，想不该想的人，好好读书，别拖班级的后腿。”“哈哈哈！”整个班级哄堂大笑。呼噜噜的脸红得像猴子屁股一样，头都快埋进桌屉里了，整整一节课都没再抬起头来。

第二节课是数学课，王老师当堂批评没有交作业的同学，当然了，其中少不了最近魂不守舍的呼噜噜。“老师，对不起，我忘了带作业本来。”数学老师眉头一皱，说：“我看你最近心思不在学习上，是忘了做吧？呼噜噜，你以后要认真，小小年纪不要去做不该做的事。”没想到话音刚落，吴小刚同学也举手说道：“老师，我的作业也忘带了，请您也批评我。”“哦，主动承认错误是好同学，没有关系，明天记得带来补交就行。”王老师对成绩好、听话的同学就是不一样。“我真的是忘了带……”呼噜噜心里反复念叨着，整节课讲什么都没听进去。

第三节是班主任戴老师的课，他看了一下班级的座位表说：“今天调整座位。呼噜噜，你坐到后排去，让吴小刚坐到前排。”呼噜噜说：“老师，吴小刚比我高，我坐后面会被挡到，看不清黑板的。”老师说：“明天有县里的领导来听课，可能会提问，你那个位置比较显眼，到时候万一抽到你，你不会怎么办？如果换成吴小刚同学的话，就算问到一些比较难的问题也不用怕。呼噜噜同学，为了班级的荣誉，你先委屈一下吧。”呼噜噜沉默了，收拾好书包，和吴小刚换了位

置，之后戴老师再说什么他都没印象了。平常戴老师是呼噜噜最喜欢的老师了，没想到成绩下降后戴老师就变了。世态炎凉啊，呼噜噜不由得叹了口气。

下午是道德与法治课，上课铃早响了，可是上课的赵老师一直没有出现。直到快下课，才见他醉醺醺地从外面走向教室。赵老师一边走还一边讲着电话：“吴局长，刚才说的事情麻烦您多费心了。看看这次能不能把我调回城里，山沟里这帮熊孩子，素质那么差，没几个教得出成绩的，以我这学历在这里不也是浪费吗？是是是，您放心，您的孩子聪明着呢，在县里我亲戚会照顾的。好好好，刚才的馆子还成的话下次再一起去。唉，唉，改天见。”说完他晃荡进了教室，打了个酒嗝，大着舌头说：“今天自习，明天开始有代课老师来给你们上课。”然后又晃出去了。

接着是语文课，钱老师拿出上次批改的作业，把做错作业的学生叫上讲台，挨个用教鞭打手心，错一个地方打一下。前些日子呼噜噜的心思全在甜妞那儿，根本就没有认真学习，结果挨了五下，左手手心里多了五道红印，疼得无法握起拳头，只能一直摊着手。钱老师说，呼噜噜这样瘦小的臭小子还敢谈恋爱，简直是不知天高地厚，因此呢，还特意多赏了呼噜噜两个耳光。

偷偷观察了一整天，想不到学校这么恐怖，独角兽都被吓坏了。

放学回家后，呼噜噜一边流着眼泪一边扒着饭。独角兽从书包里跳出来，轻轻地说："今天我偷偷跟你去了学校，老师怎么可以侮辱你、歧视你、体罚你呢！真是太不像话了，老师也要遵纪守法！"

"我们同学也觉得老师这样做不对，但是他们是老师，我们又有什么办法呢？"呼噜噜满脸委屈。

独角兽想了想，说："你应该和老师说清楚，法律禁止侮辱、体罚、歧视学生，就算学生有错也不可以。"

"这样行吗？老师怎么会有错呢？"从来只有老师教育学生的，呼噜噜可从来没有想过要"教育"老师。

"嗯，明天你就到校长那里去反映，表达抗议，你有这个权利。"独角兽说。

"嗯，那我试一试吧。"呼噜噜心里还是没有底，可是他想独角兽是精灵，它说的肯定有道理。

第二天独角兽钻进箱子睡觉，没再跟呼噜噜去学校。等到晚上，呼噜噜垂头丧气地回来了。他打开箱子，把独角兽叫了起来，气呼呼地说："校长根本不听我的，还把我批评了一顿，说不要给学校添乱。"

独角兽眨了眨眼说："这样的话，明天我再和你一起去趟学校。"

一转眼就到了早上，独角兽又变成橡皮大小，钻进书包里，跟着呼噜噜来到学校。独角兽悄悄地飞到办公

楼，老师们正在开会，谁都没有发现有个小精灵躲在桌子下偷听。

校长正在训话："成绩是我们考核教师的唯一指标，学校的成果都集中在考试上，虽然素质教育很重要，但是考试成绩更重要。这次教育局组织的抽查对我们尤其重要，要是不能让县教育局视察的领导满意，我们学校不只面上无光，以后更别提申请三级达标，大家的工资奖金也别想增加。由于不知道他们什么时候来，大家都要拿出全部精力来迎接突击检查。这里要提一下，五年级必须特别注意。张老师教的班级成绩是全年级垫底的，到时候把考得最好的那次试卷拿出来做示范讲解，不要拖累全校；王老师也别再吊儿郎当了，平时下课后就多在教务室研究课程，学学人家六年级的孙老师；李老师那个班的学生调皮捣蛋的最多，到时候就带他们外出活动，免得在学校里惹出乱子来；赵老师又没来，这小子估计又跑调动去了，贾老师你虽然是代课的，但是现在不能暴露身份，要对外说自己是转正教师；钱老师你要小心，家长来投诉好多次了，以后别把孩子打出伤痕来，到时候被检查出来不仅你倒霉，我都得被追究责任。好了，大家这次都小心一点，谁要到时候捅娄子，别怪我不讲情面。下面是最重要的问题，关于接待……"

"嘿嘿嘿"，独角兽冷笑了几声，很快有了主意，它悄悄地溜了出去……

“谁在冷笑！”校长厉声问道。

“没有啊，没人笑啊。”开会的老师都觉得很奇怪。

“真是怪事，我明明听到有人冷笑啊。”校长想，看来是幻听了。

某日早上，一辆面包车驶进山里，在林子口被一个小孩儿拦住了，他拿了一捧漂亮的红色石头送给他们，说这是当地的风俗，是对远方客人的祝福。车里的人就每人都拿了一块，说也奇怪，他们刚拿到手里，就觉得眼皮子抬不起来，蒙蒙眬眬进入了梦乡。葛局长是这次带队检查学校的领队，他恍恍惚惚间好像走进了一座学校，校门上写着四个大字“坑塘小学”。上课铃响了，学生们急忙跑进教室，他也不由自主地走进一间教室，在一个空座上坐了下来。只见一个老师走进教室，对大家说：“考试成绩出来了，还是有几个同学的成绩很不理想，这样怎么应对县教育局领导的检查呢？”他用手指着葛局长：“尤其是你，二蛋，没一次及格过，你怎么这么笨？告诉你，如果这次再不能让我交差，以后不用来读书了，省得拉低班级的平均分数！”葛局长想说话，却发不出声，也动不了，只能在那里听老师骂了半天。下一节课，他因为没带课本，被老师用教材狠狠扇了两记耳光。再后来，又被告知因为迎接检查，每个学

生都必须“自愿”捐一百块钱，用于支持学校建设……不知道什么时候他恍然醒来，发现自己仍在车上，手里捏着一颗红石子，刚才的经历仿佛梦幻，却又全部记得清清楚楚。他转头看看周围，其他检查人员也是和他一样难以置信的表情，有一位吞吞吐吐地提起刚才犹如梦游的体验，不想大家纷纷附和起来，都说自己也有类似的经历，只是身份是坑塘小学中不同的学生。他们顿时觉得气氛有些古怪，葛局长咳嗽一声，要大家抓紧工作，他们才收拾好情绪，驱车进了坑塘小学，不过暗地里对这次检查的学校都多了个心眼儿。

在学校的检查很快结束，成绩很不错，听课也没有任何纰漏，但是检查人员都觉得不安心。他们离开学校后，偷偷进了村里，对学生和家长进行访问，而后又在第二天再次突击检查，这次学校措手不及，很多检查人员梦境中经历的事情都被挖掘了出来。不久，县教育局对坑塘小学进行了严厉批评，对违规教师进行了处理，葛局长还留给学生一个地址，欢迎他们写信反映学校的变化和问题。

坑塘小学再也没有出现体罚、虐待、歧视学生以及弄虚作假的情况了。校长说要深刻检讨不足，励精图治，把坑塘小学建设成为全县最好的小学。

这天呼噜噜放学回家，兴奋地告诉独角兽：“张老师、王老师、李老师在课堂上公开给我们道歉。上课总

是迟到的钱老师检讨说以后会认真教学。喜欢打人的赵老师被开除了，换了个杨老师，他说要进行什么素质教育，我不懂，但是他说我手很巧，做手工很厉害，嘿嘿，和甜妞‘分手’以来我还是第一次被老师表扬呢！”

同学们都觉得很奇怪，学校怎么会发生那么大的变化呢？当然了，只有呼噜噜才知道其中的秘密。

@ 义务教育不收学费、杂费，必须贯彻国家教育方针，实施素质教育

为了保障适龄儿童、少年接受义务教育的权利，保证义务教育的实施，提高全民族素质，我国早在1986年即制定了专门的《中华人民共和国义务教育法》，2006年进行了修订，2015年和2018年又分别进行了修正。根据《中华人民共和国义务教育法》的规定，我国实行九年义务教育制度，义务教育属于公益性事业，不得收取学费、杂费。为了保障农村义务教育阶段贫困家庭学生接受义务教育，党中央、国务院还实行“两免一补”政策，即免教科书费、免杂费、补助寄宿生生活费。

@ 禁止体罚、变相体罚学生

《中华人民共和国义务教育法》和《中华人民共和国未成年人保护法》都规定，教师在教育教学中应当平等对待学生，尊重学生的人格，不得歧视学生，不得对学生实施体罚、变相体罚或者其他侮辱人格尊严的行为，不得侵犯学生合法权益。当然，学校、教师基于教育目的，可以对违规违纪学生进行教育惩戒。

《中华人民共和国义务教育法》

第二条 国家实行九年义务教育制度。

义务教育是国家统一实施的所有适龄儿童、少年必须接受的教育，是国家必须予以保障的公益性事业。

实施义务教育，不收学费、杂费。

国家建立义务教育经费保障机制，保证义务教育制度实施。

第二十九条 教师在教育教学中应当平等对待学生，关注学生的个体差异，因材施教，促进学生的充分发展。

教师应当尊重学生的人格，不得歧视学生，不得对学生实施体罚、变相体罚或者其他侮辱人格尊严的行为，不得侵犯学生合法权益。

《中华人民共和国未成年人保护法》

第二十七条 学校、幼儿园的教职员工应当尊重未成年人人格尊严，不得对未成年人实施体罚、变相体罚或者其他侮辱人格尊严的行为。

《中小学教育惩戒规则（试行）》

第二条 普通中小学校、中等职业学校（以下称学校）及其教师在教育教学和管理过程中对学生实施教育惩戒，适用本规则。

本规则所称教育惩戒，是指学校、教师基于教育目

的，对违规违纪学生进行管理、训导或者以规定方式予以矫治，促使学生引以为戒、认识和改正错误的教育行为。

第四条 实施教育惩戒应当符合教育规律，注重育人效果；遵循法治原则，做到客观公正；选择适当措施，与学生过错程度相适应。

第七条 学生有下列情形之一，学校及其教师应当予以制止并进行批评教育，确有必要的，可以实施教育惩戒：

（一）故意不完成教学任务要求或者不服从教育、管理的；

（二）扰乱课堂秩序、学校教育教学秩序的；

（三）吸烟、饮酒，或者言行失范违反学生守则的；

（四）实施有害自己或者他人身心健康的危险行为的；

（五）打骂同学、老师，欺凌同学或者侵害他人合法权益的；

（六）其他违反校规校纪的行为。

学生实施属于预防未成年人犯罪法规定的不良行为或者严重不良行为的，学校、教师应当予以制止并实施教育惩戒，加强管教；构成违法犯罪的，依法移送公安机关处理。

第八条 教师在课堂教学、日常管理中，对违规违纪情节较为轻微的学生，可以当场实施以下教育惩戒：

（一）点名批评；

（二）责令赔礼道歉、做口头或者书面检讨；

（三）适当增加额外的教学或者班级公益服务任务；

（四）一节课堂教学时间内的教室内站立；

（五）课后教导；

（六）学校校规校纪或者班规、班级公约规定的其他适当措施。

教师对学生实施前款措施后，可以以适当方式告知学生家长。

第九条 学生违反校规校纪，情节较重或者经当场教育惩戒拒不改正的，学校可以实施以下教育惩戒，并应当及时告知家长：

（一）由学校德育工作负责人予以训导；

（二）承担校内公益服务任务；

（三）安排接受专门的校规校纪、行为规则教育；

（四）暂停或者限制学生参加游览、校外集体活动以及其他外出集体活动；

（五）学校校规校纪规定的其他适当措施。

第十条 小学高年级、初中和高中阶段的学生违规违纪情节严重或者影响恶劣的，学校可以实施以下教育惩戒，并应当事先告知家长：

（一）给予不超过一周的停课或者停学，要求家长在家进行教育、管教；

（二）由法治副校长或者法治辅导员予以训诫；

（三）安排专门的课程或者教育场所，由社会工作者或者其他专业人员进行心理辅导、行为干预。

对违规违纪情节严重，或者经多次教育惩戒仍不改正的学生，学校可以给予警告、严重警告、记过或者留校察看的纪律处分。对高中阶段学生，还可以给予开除学籍的纪律处分。

对有严重不良行为的学生，学校可以按照法定程序，

配合家长、有关部门将其转入专门学校教育矫治。

第十二条 教师在教育教学管理、实施教育惩戒过程中，不得有下列行为：

（一）以击打、刺扎等方式直接造成身体痛苦的体罚；

（二）超过正常限度的罚站、反复抄写，强制做不适的动作或者姿势，以及刻意孤立等间接伤害身体、心理的变相体罚；

（三）辱骂或者以歧视性、侮辱性的言行侵犯学生人格尊严；

（四）因个人或者少数人违规违纪行为而惩罚全体学生；

（五）因学业成绩而教育惩戒学生；

（六）因个人情绪、好恶实施或者选择性实施教育惩戒；

（七）指派学生对其他学生实施教育惩戒；

（八）其他侵害学生权利的。

找妈妈

转眼又到了中秋节，老师说今天是团圆的节日，布置的作业是写关于家人的作文。呼噜噜提起笔想了半天，就是写不出来。平均每年和父母待在一起不到一个星期，平时连电话都很少打，就算通话也只是问一下他的学习成绩，说不了几句就匆匆挂了。现在他对父母的印象，就只有过年时父亲和亲戚聊天时不断喷吐的烟圈，母亲看他期末考试成绩单皱起的眉头，还有几包据说是城里带来的味道怪怪的零食。他们在城市里都做什么，现在怎么样，呼噜噜都一无所知，问大伯他也只说两个字：“打工。”

呼噜噜很奇怪，为什么村里那么多小朋友的父母都不在家种地，要跑到外面打工呢？他每次看到有的同学放学回家，父母就忙着给张罗晚饭，又问今天在学校过得怎样，心里都羡慕得不得了。自己的父母好像从来都没问过他在家里过得好不好，更不用说从不管他的

大伯一家了，能一起玩的小伙伴，又没办法替他解决这些问题。“我好想爸爸妈妈，好想和他们说说自己的生活……”想到这里，呼噜噜心里酸酸的，眼泪一滴一滴掉了下来，打湿了作业本。

第二天，呼噜噜因为作文交了白卷，被老师批评了一顿，他和老师顶撞了几句，一赌气从学校跑了回来。他一阵风冲上阁楼，从箱子里把独角兽拉了出来，斩钉截铁地说：“我要去城里找妈妈。”

独角兽揉着惺忪的睡眼，打着哈欠说：“不行，你从来没出过村子，知道去哪里找吗？”“我听妈妈说她和爸爸好像都在北广市的一家工厂打工，名字好像叫作康福工厂。他们给我写过信，信封上有地址。我问过老村长了，要先到县城，再从县城到省城，然后可以从省城坐火车或者长途汽车去北广市。”呼噜噜把存着压岁钱的竹罐扔进书包，不由分说地拽上还有点迷迷糊糊的独角兽就出门了。

等出了村口，呼噜噜停了下来，县城在哪个方向

呢？他想了想，上次过完年送爸爸妈妈离家，他们好像是走北面那条路去坐车，于是他沿着土路向北走去。独角兽劝说了几句，但是铁了心的呼噜噜就是坚持要去县城，只好变小钻进书包，继续瞌睡。

呼噜噜走啊走，天都快黑了还没看到车站的影子，还好遇到一辆运梨去乡里的拖拉机，好心的司机顺路把他捎到了乡里。

和好心的司机大叔告别，呼噜噜按照他的指点找到了车站。可是眼见车站里一辆辆客车出出进进，他也不知道该坐哪一辆才能去县城。这时，一个膀大腰圆的光头大叔笑眯眯地走过来说：“小娃娃，你在这儿看了半天了，是要去哪里啊？”“我要去北广找妈妈，大叔你知道该坐哪辆车去县城吗？”“哦，要去县城啊，那可远了，不过我知道有辆车去，你跟我来。”呼噜噜大喜，跟着光头走到一辆车上，只见光头凑过去和司机嘀嘀咕咕说了几句，然后转过来对他说：“你带了多少钱？够不够买票？”呼噜噜从书包里翻出竹罐，数了数说：“我有五十三元，够吗？”光头有点不满地说：“才五十三啊，那哪里够啊？算了算了，我跟司机说一下，你是小孩算便宜点，就五十三块钱吧。”说着一把把钱从呼噜噜手里夺了过去，跟司机又是一阵嘀咕，然后拿了一张票给呼噜噜，就下车径直走了。

等到车出发了，边上一个看了半天的老大爷才说：“孩子，你上当了！那个光头是个骗子，常在这个车站骗那些不会坐车的人，说要替他们买票，然后把票价翻上好几倍，自己把多余的钱吞了。到城里才十二块钱，你被骗了。”“什么！原来他不是好人啊！”呼噜噜气坏了，他过年拿到的压岁钱都舍不得花，好容易攒了五十多块钱，一眨眼就被骗光了，不由得又心疼又气愤。不过现在人在车上，后悔已经来不及了，只能在肚子里把光头骂了一遍又一遍。

客车到了县城，乘客都下车离开了。呼噜噜找了半天才来到县汽车站，在车站跟售票窗口的阿姨打听去省城火车站怎么走，却被告知明天早上才有去省城的公交车。

天已经黑透了，呼噜噜不知道该怎么办，急得在车站门口大哭了起来。

呼噜噜正伤心地哭呢，忽然听见旁边一个声音说道："小弟弟，你怎么一个人在这里哭啊？是不是找不到家了？"他抬头一看，是一个头发染得黄黄的大婶，一手牵着一个小女孩，正打量着他。

"大婶，我……来这里……找我妈妈，可是……她去……北广市了。"

"是这样啊，你家在哪里？这里附近还有什么认识的人吗？"

"我家在双塘村，是第一次到县城里来，这里的人都不认识。呜呜呜！"

"呵呵，不要哭，不要哭。你晚上没地方去的话，就到大婶家待一晚上。明天我送你坐车去找妈妈，好不好？"她又弯腰问小女孩："乖乖，晚上和大哥哥一起玩好不好？"小女孩高兴地说道："好啊好啊，我晚上一个人会害怕，有大哥哥一起玩就好了。"

呼噜噜喜出望外，连忙说："谢谢你大婶，你真是好人！"

大婶带着呼噜噜走街串巷，来到一座小平房里，煮了一些东西让呼噜噜和小女孩吃过，就锁上门，把他们

赶去睡觉了。

呼噜噜奔波了一天，早就累得够呛，头刚一挨枕头就睡着了。“呼噜噜……呼噜噜……” 他打着呼噜睡得正香，却被独角兽顶醒了。“你干什么呀？让我好好睡一觉，明天再去找妈妈。”呼噜噜嘟囔了一句，翻了个身又想睡，独角兽又使劲顶了一下他，说道：“快起来，这里有古怪！”它的声音很严肃，呼噜噜只好爬起来，说：“有什么古怪？”独角兽说：“嘘，小声点，你听。”呼噜噜侧起耳朵仔细一听，房外客厅里的大婶正在和人打电话呢。

“嘿嘿嘿，活该老娘发财。本来只弄到一个女娃，心想便宜点卖就当少赚些，今天在车站又搞到一个男娃，他可值钱了。对了！你不是说老三一直交代要买个男娃吗？这回没有一万绝不出手，那个老东西，上次五千卖给他个男孩，结果他转手卖了两万。哼，便宜可不能让他占尽了。放心，我做过好几次买卖了，这两个孩子看得严实着呢。明天我弄点安眠药放在早饭里，迷晕了他们丢到车上，直接载到地头，一手交钱，一手交货，担保万无一失……”

呀！自己到了人贩子窝里来了！呼噜噜听了这段话汗毛直竖，睡意早就跑得一干二净了。

“我们怎么办？”他低声问独角兽。

独角兽看了看房间，窗户用铁栏杆挡得严严实实，

外面又有人看着。“我们逃不出去，只能想办法通知别人报警。但是不能大声喊叫，不然把人贩子引进来你就危险了。”

呼噜噜爬上窗台一看，周围静悄悄的，连路过的人都没有。对面楼上的窗户倒是有灯光亮着，呼噜噜使劲挥手，可是中间隔着几米远，窗户又都关闭着，根本引不起别人的注意。呼噜噜想了想，从书包里拿出作业本和笔，撕了一张纸，写上“救命”两字，朝对面窗户丢了过去，但是纸团太轻，没飞到一半就掉到了地上，被风刮到不知哪个角落去了。

呼噜噜急得直冒汗，也可能是害怕得直冒汗吧——当然，呼噜噜是不会承认的。这时候，独角兽从书包里叼出他最爱玩的弹弓：“用这个！”呼噜噜眼睛一亮，他的弹弓可是准得很呢。于是他又写了一张求救的纸条，在地上捡了块石头包好，用弹弓瞄准对面最近的一扇玻璃窗，“嗖”的一声射了出去。只听“当啷啷”一阵响声，玻璃被打得粉碎，对面窗口出现了一个人影，是一个年轻的阿姨。她闻声赶到窗前，看到一地的碎玻璃，还有一个白色的圆东西，捡起来一看是包着纸的石头。她打开纸包，看到上面写着“救命！我被对面的人贩子关起来了！快报警！”年轻的阿姨大吃一惊，走到窗外一看，对面平房里的呼噜噜正使劲对她挥着手。她对呼噜噜点了点头，快步跑回房里，拨通了“110”报警电话。

不久，警察赶到平房，把呼噜噜和小妹妹都救了出来，人贩子也被抓了起来。警察叔叔听呼噜噜说了找妈妈被拐的经过，严肃地教育他不能私自离家出走，还用警车把他送回了双塘村。这是呼噜噜第一次坐警车，还有点小激动呢。

可是警察前脚刚走，呼噜噜后脚又跑回了县城，这一次他向同学东拼西凑借了一些钱，有了足够去北广市的路费。

@ 离家出走既是不良行为，也是危险行为

离家出走、夜不归宿，是《中华人民共和国预防未成年人犯罪法》所禁止的未成年人不良行为。同时，离家出走、夜不归宿也是很危险的行为。由于未成年人身心发育不成熟，社会经验不足，辨别能力有限，因此离家出走、夜不归宿很容易导致未成年人遭受违法犯罪的侵害。最常见的是被拐卖、性侵，还可能会被诱骗或者强迫从事违法犯罪活动。因此对于未成年人而言，要避免离家出走、夜不归宿。

@ 拐卖儿童是严重犯罪行为

在任何一个国家，拐卖儿童都是严重的犯罪行为，将会受到法律的严厉制裁。如果不幸被拐卖，要避免遭受更加严重的侵害，注意运用聪明才智向他人求助和脱离危险。

《中华人民共和国预防未成年人犯罪法》

第二十八条　本法所称不良行为，是指未成年人实施的不利于其健康成长的下列行为：

…………

（三）无故夜不归宿、离家出走；

…………

《中华人民共和国刑法》

第二百四十条　拐卖妇女、儿童的，处五年以上十年以下有期徒刑，并处罚金;有下列情形之一的，处十年以上有期徒刑或者无期徒刑，并处罚金或者没收财产;情节特别严重的，处死刑，并处没收财产：

（一）拐卖妇女、儿童集团的首要分子;

（二）拐卖妇女、儿童三人以上的;

（三）奸淫被拐卖的妇女的;

（四）诱骗、强迫被拐卖的妇女卖淫或者将被拐卖的妇女卖给他人迫使其卖淫的;

（五）以出卖为目的，使用暴力、胁迫或者麻醉方法绑架妇女、儿童的;

（六）以出卖为目的，偷盗婴幼儿的;

（七）造成被拐卖的妇女、儿童或者其亲属重伤、死亡或者其他严重后果的;

（八）将妇女、儿童卖往境外的。

拐卖妇女、儿童是指以出卖为目的，有拐骗、绑架、收买、贩卖、接送、中转妇女、儿童的行为之一的。

第二百四十一条 收买被拐卖的妇女、儿童的，处三年以下有期徒刑、拘役或者管制。

收买被拐卖的妇女，强行与其发生性关系的，依照本法第二百三十六条的规定定罪处罚。

收买被拐卖的妇女、儿童，非法剥夺、限制其人身自由或者有伤害、侮辱等犯罪行为的，依照本法的有关规定定罪处罚。

收买被拐卖的妇女、儿童，并有第二款、第三款规定的犯罪行为的，依照数罪并罚的规定处罚。

收买被拐卖的妇女、儿童又出卖的，依照本法第二百四十条的规定定罪处罚。

收买被拐卖的妇女、儿童，对被买儿童没有虐待行为，不阻碍对其进行解救的，可以从轻处罚;按照被买妇女的意愿，不阻碍其返回原居住地的，可以从轻或者减轻处罚。

第二百四十二条 以暴力、威胁方法阻碍国家机关工作人员解救被收买的妇女、儿童的，依照本法第二百七十七条的规定定罪处罚。

聚众阻碍国家机关工作人员解救被收买的妇女、儿童的首要分子，处五年以下有期徒刑或者拘役;其他参与者使用暴力、威胁方法的，依照前款的规定处罚。

第二百六十六条 诈骗公私财物，数额较大的，处三年以下有期徒刑、拘役或者管制，并处或者单处罚金;数额巨大或者有其他严重情节的，处三年以上十年以下有期徒刑，并处罚金;数额特别巨大或者有其他特别严重情节的，处十年以上有期徒刑或者无期徒刑，并处罚金或者没收财产。本法另有规定的，依照规定。

城里真危险

火车到站了，呼噜噜历经千辛万苦终于来到了北广市。呼噜噜随着其他乘客走出车站，看着眼前车水马龙和纵横交错的街道，发了愁。该怎么去妈妈那儿呢？独角兽从他的上衣口袋里探出脑袋，四下看了看，说：“这里都看不到有工厂，你妈妈应该不在这条街道。我在你家睡了几百年，城里也是第一次来，指路可帮不上忙了。”

呼噜噜本想找人问问妈妈工作的“康福工厂”在哪里，又怕像上次那样再被人骗了，一时也拿不定主意。还是独角兽眼尖，看到旁边有人卖地图，就说：“要不我们买张地图，上面说不定有工厂的位置。”呼噜噜于是买了张地图，在上面踅摸了半天，终于在一个角落找到妈妈工作的工厂所在道路，他用手比了比距离，和车站隔着就两巴掌远，说：“我们往南走。”就信心满满地出发了。

呼噜噜沿着街道走到一个路口，看到前面正走着的人忽然都停了下来，他不明所以，正要穿过马路，被旁边一个戴红袖章的阿婆一把拦住，数落道："啊呀，你这个小朋友，走路不看红绿灯的。现在是红灯，那么多车过来你还直直往前冲，出了事情怎么得了。"

"什么是红绿灯？我在村子里都是随便走的呀。"呼噜噜纳闷了。

"你是农村来的啊，那难怪了。"阿婆把呼噜噜拉了过来，指着一个对面挂着红黄绿三色灯的旗杆说："那个就是红绿灯，红灯亮了就不能再往前走，绿灯亮了才能通行，黄

灯一亮就表示灯的颜色要换，要小心注意了。”

“哦哦。”呼噜噜没想到城里走个路也有这么多门道，只能乖乖学习。

阿婆又交代了一大堆怎么过马路，怎么避让车辆等注意事项，呼噜噜听得头昏脑胀，听她说了足足半小时才道谢离开。

“红灯停，绿灯行，过马路，要当心，左右看，不乱冲……”呼噜噜一边念着阿婆教的歌谣，一边继续前行。可是走了半天依然没有看到工厂的影子，他坐在路牙子上，捶了捶腿，郁闷道：“怎么还没到啊？我走十里地去上学都没这么远。”独角兽看了看地图，说：“照地图上看，我们只是走过了几条街，这个区都没走完，离工厂还有几个区呢。”“啊？我们才走了那么一点？”他顿时傻眼了，“我的腿酸死了，这样怎么找妈妈啊？”

呼噜噜正在犯愁，远处丁零零一阵铃响，一辆自行车歪歪扭扭地冲了过来，“当心！”车上一个年纪比呼噜噜小点的男孩子喊道。呼噜噜吓了一跳，赶紧往旁边一闪，“咣”的一声，自行车撞上了道上的围墙，小男孩也摔倒了。

呼噜噜过去把他扶了起来问道：“你没事吧？”

小男孩拍着身上的尘土，还嘿嘿直乐：“谢谢你，我没事，爸爸说要学会骑自行车就得不怕摔，刚才只是不小心而已。对了，你在这里干吗？”

“我要去找妈妈，她在城里的一家工厂工作，刚才走累了歇一会儿。”

“她在哪里的工厂啊？离这里很远吗？”

“我中午从车站走到这里，还不到一半路。”呼噜噜有些丧气。

“要不我骑车送你去，这样快多了。”

“你行吗？”呼噜噜想起刚才的情形，不禁有点怀疑。

“当然行，再说你不想快点找到妈妈吗？相信我，没错的。”小男孩拍着胸脯打包票。

呼噜噜犹豫了一下，还是禁不住想快点找到妈妈的诱惑，于是坐到了后架上。小男孩用力一踩踏板，自行车晃晃荡荡地向前驶去。

车子走得虽然有点不稳，但在小男孩努力地蹬踩下，速度还是比走路快多了，呼噜噜心里又充满了希望。

可是没多久，他们在一个十字路口被交警拦了下来。

“小朋友几岁了？”

“十一岁半。”

“未满十二周岁不能骑自行车的，你家大人呢？”

“叔叔我就差半岁而已，没关系的，我早就学会骑车了。”

“不行，这是法律规定，不到年纪就不能骑车，何况你还载了个人，按照我们北广市的规定也是不允许的。”

小男孩无奈之下，只好把家里的电话报给交警，交警打电话叫来了他的父亲，小男孩的父亲连声道歉，保证一定管教好孩子。

小男孩回家了，临走前他的爸爸告诉呼噜噜，要去妈妈工作的地方，得先坐10号地铁到白山站，然后乘20路公交车到儿童公园，最后再转99路车到铁塔，然后向东走过两条街就到了。

呼噜噜听得稀里糊涂，努力记住所有的名称，在转车的时候却因为坐过站迷路了。还好他遇到两个穿中学校服的大哥哥聊天时说也要去铁塔，就一路跟着他们乘车换车，终于到了目的地。

急匆匆走过两条街道，马路对面就是妈妈工作的地方，“康福工厂”四个大字已经近在眼前。

“妈妈我来了！”呼噜噜激动得跑了过去，可是眼前是一排铁栏，两边根本看不到有斑马线可以过去。心急的呼噜噜豁出去了，纵身翻过铁栏就向对面跑去，“不要横穿，这里是车行道啊！”独角兽大声叫道。但满心都是妈妈的呼噜噜根本听不到，直接冲了过去。这时只听得一连串的汽车喇叭的“嘀嘀”声由远而近，没几秒一辆大卡车风驰电掣一般驶来，司机看到路中间的

呼噜噜急踩刹车，但汽车带着尖锐的“吱吱”声还是向呼噜噜轧了过来。呼噜噜吓呆了，一时竟忘了躲闪。

正在这危急时刻，独角兽跳了出来，长嘶一声变成一匹马大小，用独角挑起呼噜噜的腰带，用力一甩，把他甩到对面工厂门口，自己却消失在了车轮下……

司机终于把车停住了，他脸色惨白，下车四处查看，却没有看到轧到什么。司机长出了一口气，心想难道是眼花了，看来疲劳驾驶确实危险，还是到前边的停车场休息一会儿再开吧。司机自言自语，把车开向了不远处的停车场。

呼噜噜像腾云驾雾一样飞到了马路对面，半天才反应过来，扑到路边，却只看到空荡荡的马路，卡车和独角兽都不见了。

“呜呜呜！独角兽你在哪里？是我不好，我不该横穿马路。”呼噜噜放声大哭。

“别哭了，我在这里。”独角兽不知什么时候又出现在了呼噜噜的衣兜里。

“你没事？真是太好了。”

“我可是精灵，当然有办法保护自己了。你就不一样了，这次要不是我，你就没命了，记住教训了吧？”

“嗯嗯，我一定遵守交通规则！”呼噜噜头点得像小鸡啄米一样。

通过门卫，呼噜噜终于见到了妈妈。妈妈见到满身尘土的呼噜噜，惊喜交加，眼泪哗啦啦地直往下掉。“孩子，你怎么来了呀……”

“妈妈，我好想你呀，呜呜呜……”别看呼噜噜很坚强，但他毕竟是个孩子呀。

此情此景真是感人，独角兽也忍不住流下了热泪。

@ 交通规则要牢记

交通事故是人类的杀手之一，每年因为交通事故而导致的人员伤亡、财产损失都十分惊人。例如，2019年我国交通事故发生数量为24.8万起，直接财产损失13.46亿元，死亡62,763人，受伤256,101人。

遵守交通规则才能避免发生交通事故，我们要从小就培养遵守交通规则的习惯。

《中华人民共和国道路交通安全法》

第六十一条 行人应当在人行道内行走，没有人行道的靠路边行走。

第六十二条 行人通过路口或者横过道路，应当走人行横道或者过街设施；通过有交通信号灯的人行横道，应当按照交通信号灯指示通行；通过没有交通信号灯、人行横道的路口，或者在没有过街设施的路段横过道路，应当在确认安全后通过。

第六十三条 行人不得跨越、倚坐道路隔离设施，不得扒车、强行拦车或者实施妨碍道路交通安全的其他行为。

第六十四条 学龄前儿童以及不能辨认或者不能控制自己行为的精神疾病患者、智力障碍者在道路上通行，应当由其监护人、监护人委托的人或者对其负有管理、保护职责的人带领。

盲人在道路上通行，应当使用盲杖或者采取其他导盲手段，车辆应当避让盲人。

第六十五条 行人通过铁路道口时，应当按照交通

信号或者管理人员的指挥通行；没有交通信号和管理人员的，应当在确认无火车驶临后，迅速通过。

第六十六条 乘车人不得携带易燃易爆等危险物品，不得向车外抛洒物品，不得有影响驾驶人安全驾驶的行为。

《中华人民共和国道路交通安全法实施条例》

第二十九条 交通信号灯分为：机动车信号灯、非机动车信号灯、人行横道信号灯、车道信号灯、方向指示信号灯、闪光警告信号灯、道路与铁路平面交叉道口信号灯。

第三十条 交通标志分为：指示标志、警告标志、禁令标志、指路标志、旅游区标志、道路施工安全标志和辅助标志。

道路交通标线分为：指示标线、警告标线、禁止标线。

第三十八条 机动车信号灯和非机动车信号灯表示：

（一）绿灯亮时，准许车辆通行，但转弯的车辆不得妨碍被放行的直行车辆、行人通行；

（二）黄灯亮时，已越过停止线的车辆可以继续通行；

（三）红灯亮时，禁止车辆通行。

在未设置非机动车信号灯和人行横道信号灯的路口，非机动车和行人应当按照机动车信号灯的表示通行。

红灯亮时，右转弯的车辆在不妨碍被放行的车辆、行人通行的情况下，可以通行。

第三十九条 人行横道信号灯表示：

（一）绿灯亮时，准许行人通过人行横道；

（二）红灯亮时，禁止行人进入人行横道，但是已经进入人行横道的，可以继续通过或者在道路中心线处停留等候。

第四十条 车道信号灯表示：

（一）绿色箭头灯亮时，准许本车道车辆按指示方向通行；

（二）红色叉形灯或者箭头灯亮时，禁止本车道车辆通行。

第四十一条 方向指示信号灯的箭头方向向左、向上、向右分别表示左转、直行、右转。

第四十二条 闪光警告信号灯为持续闪烁的黄灯，提示车辆、行人通行时注意瞭望，确认安全后通过。

第四十三条 道路与铁路平面交叉道口有两个红灯交替闪烁或者一个红灯亮时，表示禁止车辆、行人通行；红灯熄灭时，表示允许车辆、行人通行。

第七十二条 在道路上驾驶自行车、三轮车、电动自行车、残疾人机动轮椅车应当遵守下列规定：

（一）驾驶自行车、三轮车必须年满12周岁；

（二）驾驶电动自行车和残疾人机动轮椅车必须年满16周岁；

（三）不得醉酒驾驶；

（四）转弯前应当减速慢行，伸手示意，不得突然猛拐，超越前车时不得妨碍被超越的车辆行驶；

（五）不得牵引、攀扶车辆或者被其他车辆牵引，不得双手离把或者手中持物；

（六）不得扶身并行、互相追逐或者曲折竞驶；

（七）不得在道路上骑独轮自行车或者2人以上骑行

的自行车；

（八）非下肢残疾的人不得驾驶残疾人机动轮椅车；

（九）自行车、三轮车不得加装动力装置；

（十）不得在道路上学习驾驶非机动车。

第七十四条 行人不得有下列行为：

（一）在道路上使用滑板、旱冰鞋等滑行工具；

（二）在车行道内坐卧、停留、嬉闹；

（三）追车、抛物击车等妨碍道路交通安全的行为。

第七十五条 行人横过机动车道，应当从行人过街设施通过；没有行人过街设施的，应当从人行横道通过；没有人行横道的，应当观察来往车辆的情况，确认安全后直行通过，不得在车辆临近时突然加速横穿或者中途倒退、折返。

第七十六条 行人列队在道路上通行，每横列不得超过2人，但在已经实行交通管制的路段不受限制。

第七十七条 乘坐机动车应当遵守下列规定：

（一）不得在机动车道上拦乘机动车；

（二）在机动车道上不得从机动车左侧上下车；

（三）开关车门不得妨碍其他车辆和行人通行；

（四）机动车行驶中，不得干扰驾驶，不得将身体任何部分伸出车外，不得跳车；

（五）乘坐两轮摩托车应当正向骑坐。

呼噜噜成了“城里人”

历经千辛万苦，呼噜噜终于找到妈妈了，可是还没开心多久就听到了一个噩耗——爸爸去世了！听妈妈说，爸爸为了多挣点钱，到一个建筑工地打零工，没想到失足从高楼坠落遇难。包工头、开发商吵得不可开交，还说是爸爸自己的责任，都过去两年多了还没有结果，别说赔偿了，连拖欠的工钱都还没拿到一分。妈妈伤心之余，怕呼噜噜太小接受不了，就没敢告诉他这一噩耗。为了维持呼噜噜读书和生活所需，她只能匆匆料理了爸爸的后事，然后继续打工。工厂里每天工作12个小时，每月挣3000多元，除去生活费等费用已经所剩无几。虽然妈妈的心里无时无刻不在惦记着呼噜噜，但是舍不得回家的路费，电话费也是能省则省。

“呼噜噜，爸爸妈妈拼命挣钱，就是为了让你以后能读上好学校，毕业后找个好工作，不用再跟我们一样打工，也不会像你爸爸那样到现在还没地方说理。”妈妈流着泪对呼噜噜说。“妈妈，我以后一定好好读书，再不偷懒。”呼噜噜也是泣不成声，突然之间呼噜噜觉得自己长大了很多。

妈妈专门请了假陪呼噜噜。和妈妈在一起的日子真是太快乐了，呼噜噜真希望这样的日子能够永远持续下去。可是没几天，呼噜噜就发现妈妈犯了愁，呼噜噜的学业不能耽搁了，可是妈妈又舍不得也不放心呼噜噜一个人回双塘村。妈妈想，要是能让呼噜噜在北广读书就好了。听说现在外来打工者子女可以就地入学，妈妈想如果能这样就太好了，可是她不知道这件事应该怎么样去做。

呼噜噜暂时和妈妈住在民工宿舍里，尽管十几个人住在一大间里，但是呼噜噜仍然觉得很满足。妈妈去上班了，他就一个人复习功课。独角兽当起了威严的老师，担当起监督呼噜噜读书的重任来。妈妈发现呼噜噜真是懂事多了，尽管每天都很累，但还是觉得很高兴。

有一天，呼噜噜复习完功课跑到附近的中山公园去玩，听说城里的孩子都喜欢到那里去玩。有一帮小孩子正在踢球，他好久没和其他小朋友一起玩了，一时兴起也加入了进去。没想到抢球时呼噜噜一不小心和一个小朋友撞到一块，两个人都倒在了地上。呼噜噜爬起来一看，小朋友的膝盖擦伤流了血，坐在地上哇哇大哭。呼噜噜连忙过去要把他扶起来，却被旁边冲过来的人一把拨开。原来是个打扮时尚的阿姨，正连声叫道："哎呀，宝宝不哭，妈妈在这里。真是的，谁这么过分，把你都弄流血了！"

呼噜噜不好意思地说："阿姨，对不起，刚才我们在抢球，撞在了一起，他就摔倒了。"

阿姨瞥了他一眼："你家大人呢？"

"妈妈去厂里上班了。"

"原来是外地打工仔的小孩，难怪这么粗鲁，没踢过球也不能这么撞人啊。"

"阿姨，我不是故意的。刚才……"

"好了好了，过后我会找你妈妈。宝宝我们先去看医生，记住以后不要和来路不明的乡巴佬玩。"

晚上妈妈带着呼噜噜主动上门道歉，不仅赔上了半个月工资，还受了半天的数落，呼噜噜的妈妈只能赔笑。妈妈回来后狠狠批评了呼噜噜一通，从此不让他再随便跑出去。

附近当地的孩子也不和呼噜噜玩了，而且一见他就恶作剧地喊"乡巴佬！乡巴佬！"呼噜噜很难过，他不明白为什么会这样。还好有独角兽化身为"心理辅导师"开解他，独角兽叽里呱啦说了一大通，什么别人不了解不尊重没有关系，但自己不能瞧不起自己，只有自尊自重的人才能赢得尊敬。咦，为什么呼噜噜觉得独角兽说得很有道理呢，看来确实长大了。

呼噜噜暂时没有学校读书，又想为妈妈减轻负担，就偷偷和同乡门房老王晚上出去摆烧烤摊，给他打下手赚点钱。但是没想到刚开张，远处一辆写着“城管”的车子开来，老王迅速收拾起东西就跑，一边喊着“呼噜噜，快跑！”呼噜噜傻傻地跟着跑，却很快被人赶上。

一个叔叔从另一辆写着“电视台”的车上下来，把一个麦克风拿到呼噜噜面前问道：“小朋友，为什么你这么小也要来摆摊呀？”“我想挣钱。妈妈一个人打工供我读书，她太辛苦了。我想到妈妈打工的地方来读书，可是不知道怎么弄。”呼噜噜可怜兮兮地说。

呼噜噜回到了妈妈身边，妈妈知道了呼噜噜摆摊的事情，没忍心骂他，只是偷偷哭了一夜。听到妈妈隐隐

的啜泣声，从来好睡的呼噜噜也失眠了。

不久之后，呼噜噜迎来了一个惊喜。因为电视台播出抓小摊贩的新闻里面关于他的报道引起了政府的注意，当地教育局主动派人来安排呼噜噜就近入学，进入以前由农民工子弟学校改名而来的新希望小学读书。呼噜噜和妈妈可高兴坏了，连睡觉都笑得合不拢嘴。

怎么会有这么好的事情，呼噜噜想，肯定又是独角兽暗中帮忙的。“独角兽，是不是你帮忙的呀？”呼噜噜问。

“这次真的不是我，我没有帮忙……”独角兽连连摆手，这次它真的没有帮忙呀。

今天是在新希望小学上学的第一天，妈妈早早地就带着呼噜噜来到了新学校，呼噜噜对新的学习生活充满了憧憬。新希望小学的学生绝大多数是外地打工人员的孩子，有一部分是本地学生，可是另外编班，读书的教学楼也和外来学生分开，上课的老师也不一样。呼噜噜觉得很奇怪，为什么要分开呢？

老师开始上课了。呼噜噜发现有好多地方都和山区学校里教的不一样，有些从来都没听过，看看周围其他的同学，不少也是一脸茫然的样子。新学校主张素质教育，作业少，考试压力小，和以前的学校很不一样。本来这么轻松的学习生活大家会高兴的，不过呼噜噜和其他外地来的孩子都犯嘀咕，这么轻松地学习以后能考上

大学吗？

下课后，学校的操场是大家最喜欢去的地方。不过城里的学生都不和他们一起玩，有的学生背地里还经常指指点点说他们是“土包子”，经常嘲笑他们的衣服和行为。有一次，他们当面笑一个外来学生系本命年的红腰带，差点打了起来，还好呼噜噜及时把他们拉开，还告诉班级里的同学他以前在村子里和人打架的教训，这才平息了下来，班主任也因此对他进行了表扬。

有一天，呼噜噜正在公园玩，忽然看到一个年龄和他差不多大的小男孩在一棵树下着急地呼唤：“小乖，快下来！”他好奇地走过去一看，原来是一只小花猫，正趴在树干上面“喵喵”直叫。

“那是你的猫吗？”呼噜噜问道。

“嗯，我带小乖来公园玩。它一淘气跑到了树上，现在下不来了。怎么办呀？”

“没关系，看我的。”呼噜噜脱掉鞋子，双手搓了搓，三下五除二爬到了树上，把小猫放到怀里，又爬了下来。

“谢谢你！你真厉害，还会爬树。”小男孩崇拜地说道。

“哈哈，这有啥。在我们村子里，小孩子个个都会爬树。平时我们都自己摘果子吃，像枣子、桑葚……”呼噜噜讲起家乡的事，顿时滔滔不绝。

“我叫涛涛，在新希望小学读书。”小男孩自我介绍起来。

“我叫呼噜噜，也在新希望小学读书，原来我们是同学啊！”呼噜噜高兴得叫了起来。

呼噜噜没想到可以认识本地小孩并且成为好朋友。呼噜噜学习上有不懂的地方经常向涛涛请教，而涛涛也乐津津地当起了“小老师”。涛涛呢，也经常向呼噜噜学习各种“本领”，像编草帽、做竹偶之类的。

呼噜噜有了新朋友，而且还是当地人，别提多高兴

了。只是呼噜噜有时候会有一种莫名的自卑，总觉得比城里的孩子土，比城里的孩子低一等。当然了，这样的想法呼噜噜是从来不对人说的，而是深深地埋藏在心底。

最近独角兽也有些烦，因为几百年来它一直住在乡下，对城里的生活还不太适应呢。

独角兽释法

@ 适龄儿童都应当接受义务教育

我国实行九年制义务教育，所有适龄儿童都应当接受义务教育。呼噜噜中途辍学跟随母亲在大城市打工是违反《中华人民共和国义务教育法》的。当然，外来务工人员子女如何接受义务教育一直是我国面临的一个难题。近年来，我国高度重视进城务工就业农民工子女的义务教育问题，要求流入地政府承担起保障进城务工就业农民工子女接受义务教育的责任。经过多年的努力，这一问题已经基本得到解决。

@ 禁止使用童工

我国法律禁止用人单位使用未满16周岁的童工，不满16周岁的未成年人开业从事个体经营活动也是不允许的。

法条链接

《中华人民共和国义务教育法》

第十一条 凡年满六周岁的儿童，其父母或者其他法定监护人应当送其入学接受并完成义务教育；条件不具备的地区的儿童，可以推迟到七周岁。

适龄儿童、少年因身体状况需要延缓入学或者休学的，其父母或者其他法定监护人应当提出申请，由当地乡镇人民政府或者县级人民政府教育行政部门批准。

第十二条 适龄儿童、少年免试入学。地方各级人民政府应当保障适龄儿童、少年在户籍所在地学校就近入学。

父母或者其他法定监护人在非户籍所在地工作或者居住的适龄儿童、少年，在其父母或者其他法定监护人工作或者居住地接受义务教育的，当地人民政府应当为其提供平等接受义务教育的条件。具体办法由省、自治区、直辖市规定。

县级人民政府教育行政部门对本行政区域内的军人子女接受义务教育予以保障。

第十四条 禁止用人单位招用应当接受义务教育的适龄儿童、少年。

根据国家有关规定经批准招收适龄儿童、少年进行文艺、体育等专业训练的社会组织，应当保证所招收的适龄儿童、少年接受义务教育；自行实施义务教育的，应当经县级人民政府教育行政部门批准。

《禁止使用童工规定》

第二条 国家机关、社会团体、企业事业单位、民办非企业单位或者个体工商户(以下统称用人单位)均不得招用不满16周岁的未成年人(招用不满16周岁的未成年人,以下统称使用童工)。

禁止任何单位或者个人为不满16周岁的未成年人介绍

就业。

禁止不满16周岁的未成年人开业从事个体经营活动。

@ 苦难也是一种财富

呼噜噜看上去真是个不幸的孩子，家庭贫困、生活艰辛、父亲早亡，还常常受到歧视，很多留守儿童都是这样的。但是苦难也能让一个人更加成熟和坚韧，更能磨砺一个人，所谓“穷人的孩子早当家”。如果以一种积极的心态去对待苦难，把不幸当成磨砺，刻苦努力，就能改变自己的命运，走向成功。

需要特别指出的是，每个人都是平等的，歧视他人不仅仅是教养缺失的表现，也是一种违法行为。

《中华人民共和国未成年人保护法》

第三条　国家保障未成年人的生存权、发展权、受保护权、参与权等权利。

未成年人依法平等地享有各项权利，不因本人及其父母或者其他监护人的民族、种族、性别、户籍、职业、宗教信仰、教育程度、家庭状况、身心健康状况等受到歧视。

工棚里的尴尬事

呼噜噜和妈妈挤在民工宿舍里，这是女工宿舍。虽然呼噜噜是男孩子，但因为还小，也就被允许和妈妈住在一起了。说是宿舍，其实就是一个大工棚，虽然不大也不漂亮，可也是呼噜噜和妈妈在大城市里可以遮风避雨的地方，而且这里还有很多好心的阿姨，经常会逗呼噜噜玩，经常给呼噜噜好吃的，妈妈最好的工友甚至还给呼噜噜买了玩具呢。

最重要的是还有几个小朋友也住在工棚里，他们可是呼噜噜在城市里最亲密的伙伴呢。他们几乎整天在一起玩，玩工地上的石块，玩废旧木料等，就是一个被丢掉的螺丝都是他们的心爱玩具。

工棚好大好大，摆了好多好多床，每个床都离得很近，中间隔着一块布帘，而且工棚里并没有专门的卫生间哦，大家上厕所都需要到工棚外面临时挖的坑里面去。还好是夏天，要是冬天那可真够呛，谁愿意从暖暖和和的被窝里跑到寒风刺骨的外头去啊。不过大人们好像都习惯了，而且呼噜噜来了以后，妈妈心疼呼噜噜，还特意买了个尿壶，专门让呼噜噜尿尿用。所以，呼噜噜觉得只要自己在妈妈身边，即使不买玩具，不出去玩，也已经超幸福了，其他的呼噜噜才不在乎呢。

但是有一点比较麻烦，那就是晚上只要有一个阿姨打呼噜，整个工棚里的人都能听到，所以晚上整个工棚基本上就是呼噜声此起彼伏。嘿嘿，不过也无所谓啦，妈妈和其他阿姨工作了一整天非常累了，大家睡得可沉了，可是呼噜噜还是有点不习惯，有时候还是会被呼噜声吵醒。

有时候阿姨们的家人来，也会住在阿姨的宿舍里。呼噜噜发现一件很奇怪的事，那就是如果有叔叔留宿，晚上阿姨的床就会发出嘎嘎吱吱的声音。呼噜噜一直很好奇怎么回事，他想会不会是他们的床板有问题，可是等第二天他去检查这些床板的时候，就算他在床上跳来跳去好像也没问题啊。有几次呼噜噜从布帘缝里好像看到叔叔阿姨抱在一起，但也没看清到底在做什么，他就更不懂了。有几次他问叔叔阿姨这个问题，阿姨一听脸红红的什么都没说就走开了，叔叔则傻笑了一下，抓抓头说："大人的事，小孩不懂。等你长大后就知道了。"

呼噜噜也问了妈妈，妈妈羞红了脸，扔下一句"大

人的事小孩少打听，安心睡你的觉”。呼噜噜就更不明白了，他努力地想在学校里老师教过的知识有没有什么可以拿来用的，想了一圈都想不出来。因为学校的老师除了书本上的知识，其他的根本就不教，所以到现在呼噜噜也不明白为什么会有男生和女生？男的和女的到底有什么不同？宝宝是怎么到妈妈肚子里面去的？宝宝是怎么生出来的？为什么爸爸妈妈结婚了就有宝宝了？电视上有些人为什么都不穿衣服抱在一起做什么呢？这些问题还真是够难的。这时候的呼噜噜对女生充满了好奇，一直很想看看女生到底和男生究竟哪里长的不一样。呼噜噜的问号可真多啊。可是谁又能帮他呢？

大人对这个问题讳莫如深，老师上课也不讲。唉，真伤脑筋。其实伤脑筋的并不止呼噜噜一个人，妈妈更伤脑筋，孩子一天天大了，该怎么和呼噜噜说大人的事情呢？到底是早说还是晚说？明说直说还是拐弯抹角地说？这些问题实在是太专业了，妈妈不知道怎么开口。

从大人那里寻求不到帮助的呼噜噜突然想到了一个主意，为什么不去问独角兽呢，它肯定什么都知道。想到这，他就赶紧念起了咒语：“幺洱丝，幺洱丝，幺洱丝。”独角兽嘟着嘴来到了呼噜噜面前，不情愿地说：“我正在高楼上看风景呢，你这么着急找我来有什么事啊？”呼噜噜说：“当然是十万火急的事情啦。我有好多问题想了半天都想不明白，大人也都帮不了我，只好求助于你了。”说完，就把自己的所见所闻以及想不通的问题一股脑儿地说给独角兽听。独角兽知道了呼噜噜的疑问，它想了一会儿就确定了帮呼噜噜解决这个问题的方案，真不愧是精灵。独角兽不紧不慢地坐下来，还让呼噜噜也坐着。

它笑眯眯地对呼噜噜说：“哦，原来是这样啊。没什么，这说明我们呼噜噜长大了，要知道更多知识了，对吧？”

呼噜噜更迷糊了：“长大了？什么意思啊？我不懂。”

独角兽慢悠悠地说：“你小时候和现在长大了看到的、知道的、想知道的都不一样吧？现在我就要来给你上一堂性教育课。你看清楚咯。”说完，独角兽使用法术，变出了一个屏幕，屏幕上开始出现了图像。有一个人从小到大身体的变化图，有妈妈大肚子的图，有男生和女生没穿衣服的图。呼噜噜看到这些图，嘴巴张得大大的。

独角兽还在同时讲解：其实，性教育分为婴儿期、幼儿期、儿童期、少年期和青年期五期，叫五期性教育。你还是小baby不会说话不会走路的时候，妈妈给你喂奶的时候你已经接受最早的性教育了。不仅能让你吃饱，还能满足你发育上的需求。在幼儿园里，是不是男宝宝和女宝宝尿尿的姿势不一样呢，男宝宝是站着尿

尿，女宝宝是蹲着尿尿。那是因为男生和女生的器官不一样，喏，你看。而且我们小短裤、小背心或衣服遮住的地方是要保护好的哦，不能让别人看，也不能让别人摸。女生的裙子遮住的地方也是她们要保护的地方，我们也不能去掀开女生的裙子呢……

独角兽叽里咕噜说了一大通，呼噜噜听得一愣一愣的。他没想到居然还有那么神奇的知识，原来自己都没在意过呢。而且他也为有时候和班里的其他男生捉弄班里的女生感到羞愧了。他现在知道了，以后洗澡不能在大庭广众下脱光衣服洗了，也不需要妈妈帮忙洗小鸡鸡了，不能在妈妈洗澡的时候捣乱了。叔叔阿姨是喜欢对方才会睡在一起，他们是在孕育小宝宝呢。

@ 学点性知识

性是动植物普遍存在的一种属性和现象，人类也不例外。进入青春期后，男性和女性都会在生理和心理上发生重大变化。进入青春期的主要标志是女性出现月经初潮，男性出现首次遗精。未成年人学习了解性知识是必要的，一方面有助于避免发生性越轨行为，另一方面则有助于避免遭受性侵害。《中华人民共和国未成年人保护法》要求父母或者其他监护人关注未成年人的生理、心理状况和情感需求，学校、幼儿园应当对未成年人开展适合其年龄的性教育。

法条链接

《中华人民共和国未成年人保护法》

第四十条第二款 学校、幼儿园应当对未成年人开展适合其年龄的性教育，提高未成年人防范性侵害、性骚扰的自我保护意识和能力。对遭受性侵害、性骚扰的未成年人，学校、幼儿园应当及时采取相关的保护措施。

呼噜噜的堕落

呼噜噜开始了在城里的生活。由于很多地方都和乡下不同，他一时也不知道该怎么去适应。就比如说玩，他想去钓鱼，却被公园池塘的管理员没收了自制的钓竿和一罐蚯蚓；他想爬树上摘个果子，结果被一个戴红袖章的老爷爷追了半条街。这里虽然地方很大，同龄的孩子也很多，可是都不怎么理会初来乍到的呼噜噜，他一个人玩也没劲。

后来，妈妈宿舍的新工友也带了个孩子来，他一身皮肤晒得黑黢黢的，小名就叫小黑。小黑以前跟父母在城市待了几年，对城里很熟悉，很快和呼噜噜玩到了一块，一放学就带着呼噜噜到处逛，教呼噜噜“做城里人”。呼噜噜又找回了在故乡和小伙伴疯玩的感觉。

有一天，小黑带呼噜噜去街角一家游戏机房，让他“见见世面”。呼噜噜第一次见到游戏机，看着荧屏上的小人和动物随着自己的控制跑来跑去，觉得怪有趣

的。他买了两个投币，跟着小黑学了两次操作，很快就掌握了玩的方法，他们大呼小叫玩得不亦乐乎，不知不觉一个下午就过去了，呼噜噜兜里的钱也花了个精光，才依依不舍地回家。从此呼噜噜迷上了游戏机，没事就和小黑往游戏机房里跑，妈妈给的零用钱也都花在了这上面。

后来，小黑又发现了一个好地方，叫“网吧”。他带呼噜噜去一家又小又挤的黑网吧，教会了他怎么用电脑和上网。在网上可以找到好多好玩好看的东西，呼噜噜好像找到了一个充满乐趣的新天地，一头扎进了网络的世界，从此乐不思蜀。他常常放学回家后几口扒完饭就匆匆出门，然后径直去黑网吧上网，直到很晚才回来。妈妈察觉呼噜噜总是往外跑，但问他又说在附近街上，就不再管了。呼噜噜积攒下来的零花钱很快花光了，但他现在上网已经成了习惯——准确地说是染上了网瘾，一天不上网感觉做什么都没劲。于是他有时早上干脆空腹去上课，偷偷省下买早点的钱好去网吧，但这一两块钱也是杯水车薪。

独角兽发现了呼噜噜的异状，十分担心，它要帮助主人戒掉网瘾。独角兽想了很多办法，比如让呼噜噜网瘾发作的时候去玩别的东西，去看书和电视等，却一点效果也没有。一气之下，独角兽竟然用起了报纸上说的电击疗法，呼噜噜一进网吧门就电他，结果这方法也不

管用。其实呢，独角兽毕竟心疼主人，那点电流就像挠痒痒。几天下来呼噜噜不但戒不掉想去网吧的念头，还因此暴跳如雷和独角兽大吵了一架。独角兽从来没有见过这样的呼噜噜，气得从此隐身不再理他了。

这天呼噜噜又没钱上网了，在家里呆坐着感觉百无聊赖，就跑去小黑那里。小黑的钱也花光了，正发愁不能上网呢，看到呼噜噜过来，就说："要不我们去打工吧，自己挣钱去上网。"呼噜噜答道："好啊！不过我们去哪里打工？以前我问过妈妈，她说我们太小，店家都不能雇童工的。""没关系，我以前看到过其他学生帮街上那间酒吧的老板卖东西，他们也和我们差不多

大，找那个老板说说应该没问题。”

两人说走就走，跑到了酒吧那儿，刚好看到大腹便便的老板在门口吸烟。小黑连忙上前说：“老板您好，需要人打零工吗？我们擦地洗碗什么都能干。”老板顿时乐了：“你们两个男孩子能干什么啊？还不如我去请几个大人干活来得快。去去去，一边玩去。”他自顾自地回身进门，打起了电话：“三儿啊，货到了，快派人过来取。什么？上次运货的那几个人进去了？没牵扯到你身上吧？嗯，没被盯上就好，看来又得找新人了。”老板收起手机，猛吸了一口烟，看看窗外呼噜噜和小黑两人还不死心等在外面，想了一会儿，把他俩叫了进来，对他们说：“我是不能收留你们了，不过有个黄哥他要人帮忙，你们可以在我的酒吧里替他做事。但有一样，得保密，不但对外人不能说，连父母也不能说。不然有人告发我用童工就麻烦了，知道吗？！”呼噜噜和小黑两人大喜，连连点头答应。

不久，酒吧里来了个一脸苍白的瘦高个，自称“黄哥”。黄哥问了呼噜噜和小黑的来历，答应了让他们帮忙，不过也要求绝对不能让消息泄露。他让呼噜噜和小黑每天晚上来，给他们一包圆圆的像药丸的东西，说如果哪个台的顾客要“加冰”，就过去给他们小丸子。小黑好奇地问：“这小丸子是什么？”黄哥恶狠狠瞪了他一眼道：“不该问的别问！”两人吓了一跳，就没敢再开口。小黑先“上班”，第二天他兴奋地告诉呼噜噜自己一晚上就挣了几十元，把呼噜噜羡慕得不行，不由得期待起下星期自己“上班”的日子。

星期天晚上，轮到呼噜噜上班了，他刚要出门，就看到小黑脸色发白，从外面踉踉跄跄地走了进来。呼噜噜连忙一把把他搀住，问道：“小黑，你怎么了？”

“刚才来了好多警察要检查酒吧，黄哥让我把丸子都吞了，等警察走后去厕所吐掉，我吐了半天，都吐不

出东西了。现在还好难受呢。”说着人就软了下去。

呼噜噜眼看小黑眼皮合上，人也不动了，急得直哭，连忙跑到外面叫人，可是宿舍里的大人都上夜班去了。他又跑到街上大喊“救命！”一位路过的老大爷看他哭得厉害，帮忙打了“120”叫来救护车，把小黑送去了医院。医生把小黑推进了急救室，一番抢救下来，只是暂时保住了性命，却一直醒不过来，医生说因为送医太晚，可能会成为植物人。小黑妈妈在病床边哭天喊地，声音凄凉。呼噜噜懊悔不已，坐在病房外默默流泪。

“还好这次不是你，不过再这样下去你也难保不会有这么一天。”好久不见的独角兽幽幽地说。

“独角兽，你能救救小黑吗？我们不知道黄哥是在干坏事。”呼噜噜抽泣着说。

“你知道吗？那个老板和黄哥是骗你们给他卖摇头丸和冰毒！小黑吃药太久，也不知道能不能救得回来，我尽力试试。你得好好反省一下，说到底也是你们急着想弄钱去上网，要不是为了去网吧也不会落到这个地步。”

“我真的后悔了，只要能把他救回来，要我怎么做都行。以后就算每天你都电我，我也不骂你了。”

独角兽叹了口气，角上发出幽蓝的光芒，蓝光凝成一个小球，飞进了病房中小黑的体内。小黑的手指动了一下，眼睛也慢慢睁开了，小黑妈妈喜极而泣，医生也称奇不已。

小黑救回来了，呼噜噜和他从此不再沉迷于网络和游戏，并与独角兽言归于好。为了答谢送小黑去医院的好心大爷，他们经常去老爷爷住的福利院看望，并帮老人们干活，做起了“小义工”。

@ 未成年人不得进入营业性娱乐场所、酒吧、互联网上网服务营业场所等不适宜未成年人活动的场所

营业性娱乐场所、酒吧、互联网上网服务营业场所等是不适宜未成年人的，这些场所鱼龙混杂，黄色、暴力等不良资讯多，由于未成年人辨别力、自控力都还较差，进入这些场所极容易遭受违法犯罪与不良资讯的侵害，也容易发生沉迷等不良后果。《中华人民共和国未成年人保护法》明确要求，不适宜未成年人活动场所的经营者不得允许未成年人进入。

《中华人民共和国未成年人保护法》

第五十八条　学校、幼儿园周边不得设置营业性娱乐场所、酒吧、互联网上网服务营业场所等不适宜未成年人

活动的场所。营业性歌舞娱乐场所、酒吧、互联网上网服务营业场所等不适宜未成年人活动场所的经营者，不得允许未成年人进入；游艺娱乐场所设置的电子游戏设备，除国家法定节假日外，不得向未成年人提供。经营者应当在显著位置设置未成年人禁入、限入标志；对难以判明是不是未成年人的，应当要求其出示身份证件。

@ 吸毒违法，贩毒有罪

毒品是一种具有严重危害性的物质，吸毒、贩毒都是严重危害社会和身心健康的行为。我国法律规定，吸毒是违法的，贩毒则是有罪的。避免沾染毒瘾的最好方法是绝不能尝第一口。近些年来，摇头丸、冰毒、K粉等新型毒品日益蔓延，青少年是主要的消费群体。一些毒贩为了将毒品推销给青少年，宣扬这些新型毒品是无害、不会上瘾的，有的毒贩还会利用未成年人贩卖毒品，对此应当有清醒的认识，不能上当受骗。

《中华人民共和国禁毒法》

第二条　本法所称毒品，是指鸦片、海洛因、甲基苯丙胺（冰毒）、吗啡、大麻、可卡因，以及国家规定管制的其他能够使人形成瘾癖的麻醉药品和精神药品。

根据医疗、教学、科研的需要，依法可以生产、经营、使用、储存、运输麻醉药品和精神药品。

第五十九条 有下列行为之一，构成犯罪的，依法追究刑事责任；尚不构成犯罪的，依法给予治安管理处罚：

（一）走私、贩卖、运输、制造毒品的；

（二）非法持有毒品的；

（三）非法种植毒品原植物的；

（四）非法买卖、运输、携带、持有未经灭活的毒品原植物种子或者幼苗的；

（五）非法传授麻醉药品、精神药品或者易制毒化学品制造方法的；

（六）强迫、引诱、教唆、欺骗他人吸食、注射毒品的；

（七）向他人提供毒品的。

第六十条 有下列行为之一，构成犯罪的，依法追究刑事责任；尚不构成犯罪的，依法给予治安管理处罚：

（一）包庇走私、贩卖、运输、制造毒品的犯罪分子，以及为犯罪分子窝藏、转移、隐瞒毒品或者犯罪所得财物的；

（二）在公安机关查处毒品违法犯罪活动时为违法犯罪行为人通风报信的；

（三）阻碍依法进行毒品检查的；

（四）隐藏、转移、变卖或者损毁司法机关、行政执法机关依法扣押、查封、冻结的涉及毒品违法犯罪活动的财物的。

第六十一条 容留他人吸食、注射毒品或者介绍买卖毒品，构成犯罪的，依法追究刑事责任；尚不构成犯罪的，由公安机关处十日以上十五日以下拘留，可以并处三千元以下罚款；情节较轻的，处五日以下拘留或者五百元以下罚款。

第六十二条 吸食、注射毒品的，依法给予治安管理处罚。吸毒人员主动到公安机关登记或者到有资质的医疗机构接受戒毒治疗的，不予处罚。

第六十五条 娱乐场所及其从业人员实施毒品违法犯罪行为，或者为进入娱乐场所的人员实施毒品违法犯罪行为提供条件，构成犯罪的，依法追究刑事责任；尚不构成犯罪的，依照有关法律、行政法规的规定给予处罚。

娱乐场所经营管理人员明知场所内发生聚众吸食、注射毒品或者贩毒活动，不向公安机关报告的，依照前款的规定给予处罚。

《中华人民共和国刑法》

第三百四十七条 走私、贩卖、运输、制造毒品，无论数量多少，都应当追究刑事责任，予以刑事处罚。

走私、贩卖、运输、制造毒品，有下列情形之一的，处十五年有期徒刑、无期徒刑或者死刑，并处没收财产：

（一）走私、贩卖、运输、制造鸦片一千克以上、海洛因或者甲基苯丙胺五十克以上或者其他毒品数量大的；

（二）走私、贩卖、运输、制造毒品集团的首要分子；

（三）武装掩护走私、贩卖、运输、制造毒品的；

（四）以暴力抗拒检查、拘留、逮捕，情节严重的；

（五）参与有组织的国际贩毒活动的。

走私、贩卖、运输、制造鸦片二百克以上不满一千克、海洛因或者甲基苯丙胺十克以上不满五十克或者其他毒品数量较大的，处七年以上有期徒刑，并处罚金。

走私、贩卖、运输、制造鸦片不满二百克、海洛因或者甲基苯丙胺不满十克或者其他少量毒品的，处三年以下有期徒刑、拘役或者管制，并处罚金；情节严重的，处三年以上七年以下有期徒刑，并处罚金。

单位犯第二款、第三款、第四款罪的，对单位判处罚金，并对其直接负责的主管人员和其他直接责任人员，依照各该款的规定处罚。

利用、教唆未成年人走私、贩卖、运输、制造毒品，或者向未成年人出售毒品的，从重处罚。

对多次走私、贩卖、运输、制造毒品，未经处理的，毒品数量累计计算。

第三百四十八条 非法持有鸦片一千克以上、海洛因或者甲基苯丙胺五十克以上或者其他毒品数量大的，处七年以上有期徒刑或者无期徒刑，并处罚金；非法持有鸦片二百克以上不满一千克、海洛因或者甲基苯丙胺十克以上不满五十克或者其他毒品数量较大的，处三年以下有期徒刑、拘役或者管制，并处罚金；情节严重的，处三年以上七年以下有期徒刑，并处罚金。

呼噜噜要回家了

呼噜噜在城里读了一段时间的书，很快面临一个新的问题——他升中学的考试因为学籍和户口都还在山区老家，无法报考妈妈工厂附近的中学。专门收民工子弟的中学离妈妈工作的地方又太远，平常妈妈不可能照顾到呼噜噜。

看到妈妈憔悴无助的样子，呼噜噜心里很难过，他对妈妈说："我还是回家吧，在这里读不了中学的话，乡里的中学也一样可以读啊。"

妈妈斩钉截铁地说："不行，我和你爸爸这么辛苦，就是想让你进好点的学校读书。你在新学校不是已经适应了吗？家里有哪家学校有这么好的条件？咱们那里十年出的大学生不到五个，你要想将来到城里找份体面工作，没有文凭哪来的前途？"

"那我不在城里工作，我回家和大伯他们种地，一样能养家。"

“砰！”妈妈一拍桌子吼道：“不行！爸妈这辈子已经是打工的命了，就指着你将来能有出息。你倒好！想回家种地？种地能当大老板挣大钱？还是能考公务员当大官？你难道想一辈子待在那个穷山沟里，让你的娃跟着种地，继续让人瞧不起？这样下去咱家还有什么希望？我告诉你，别的不许想，给我好好读书，考不上重点中学小心你的皮！”

晚上，呼噜噜躺在床上翻来覆去就是睡不着，白天妈妈强硬的态度让他迷茫了。做城里人就那么好吗？城里是有很多山里没有的好东西，可他还是觉得家里自在些，至少那里大家都是一样的，没有城里人看自己时那种特殊的目光。当大官、挣大钱什么的他没有想过，如果能在故乡安安静静地过日子，有爸爸妈妈在身边，他就觉得很幸福了。可是妈妈的愿望……

“唉。”呼噜噜以前不明白为什么大人喜欢叹气，现在似乎有点懂了。

“唉。”窗台上也传来一声叹息。

呼噜噜起身一看，独角兽正趴在窗口，望着天空一弯银色的月亮，也是一脸惆怅。

“独角兽，你怎么了？”呼噜噜还是第一次见到它这个样子。

“早上你和妈妈吵了架，我都听到了，她其实也是为你好，希望你将来能过上好日子。我的爸爸妈妈就对

我严厉得不得了，希望我成为守护精灵中的明星。可我偏偏不喜欢像他们那样一天到晚拼命工作，事情能应付就应付，被他们教训了好多次。和他们在一起感觉太拘束了，我索性就央求长老接了守护你们家族的任务，没想到这次睡了五百年才被唤醒……”

“咦，你还有爸爸妈妈啊？怎么从来没听你说起过？”

“那当然，我又不是石头缝里蹦出来的。不过……”独角兽有些不好意思地说，“我事先没和他们商量，就自己一个人接下了守护的任务。”

“哦，原来你也是离家出走啊。”

“咳咳！什么离家出走，我是在做守护工作！后来爸爸妈妈也认可的！”独角兽恼羞成怒，抬起蹄子在呼噜噜头上敲了一个响亮的脑瓜崩儿。

“哎呦！工作就工作呗，干吗敲我？”呼噜噜偷偷吐了吐舌头，然后问道，“你的爸爸妈妈也是守护精灵吗？”

“嗯，我们独角兽一族，天生就有守护的职责。每个独角兽都有一个守护对象，他们是未来的法官、检察官、律师、警察，只有当守护对象成熟了，学会了主持正义，我们的守护使命才会结束。呼噜噜，你是首席大法官候选人，责任重大着呢。”

“哇，我以后会成为大法官！太帅了！可是我行吗？”呼噜噜既兴奋，又有些茫然。像他这样的乡下孩子怎么可能成为大法官呢。

“只要你努力就会成功。当然了，你是候选人，如果表现不好也会被淘汰的。如果是那样的话，我这个守护精灵丢人也丢大了。”独角兽面色凝重了起来。

“我是不是表现不好……”呼噜噜心慌慌地问。

“还不错啦，虽然一点都不让我省心。”独角兽唏嘘地说。

“我觉得你们独角兽家族真伟大，竟然会选择我这样的乡下小孩。”呼噜噜说这话的时候心情有些复杂。

“伟大？唉，这个词我在爸妈那里听得耳朵都快起茧子了。他们每次都是告诫我，要对得起自己的神圣责任，不要辜负独角兽的伟大使命……可我喜欢自由自在，只想做个无忧无虑的小精灵就好，他们的生活实在太乏味了。”

“知足吧你！我们生下来后哪还有那么多东西可以选？你比我好多了，有爸爸妈妈，还有神奇的魔力。我现在只有妈妈了，读书都是个问题……”呼噜噜的声音低了下来。

独角兽也沉默了，很多事情它也无能为力，只能蹭了蹭呼噜噜的肩膀，以示安慰。

他们一夜都没有睡，也没有再说话，不过似乎想通了一些以前从没有注意过的问题。

“我要回家。”第二天呼噜噜郑重其事地对妈妈说。

“你说什么？”看他一脸正经的样子，妈妈几乎有点不认识自己的儿子了。

“我要回家读书。妈妈你先别生气，我知道城里的学校比乡下好，可是就算我读完了中学以后也会因为户籍限制没法在这里参加高考，留下来只会耽误学习的时间，以后考大学也不大可能。我很想天天和妈妈在一起，但在城里住要花的钱太多，什么都贵得要命。现在家里单靠你打工养活，已经承受不了这么多花费了。我昨天想了一晚上，还是回原来的学校好，至少可以省下点钱。而且以前山里也有人考上大学，我会用功读书，争取考个好学校。就算将来没法出人头地，我也会努力工作让你过上舒心日子，不用像现在这样辛苦。”

“你！”妈妈扬起手，最后却缓缓地落在了呼噜噜的头上，轻轻地抚摸着他的头发。她发现呼噜噜稚嫩的脸上，不知什么时候开始有了一丝小大人的样子。她静静地看着自己的儿子，说道：“呼噜噜，你会为家里着想了，妈妈很高兴。不过这些是大人操心的事情，你乖乖上学就好，其他的妈妈会处理。”

“妈妈，让我回去吧。我一个人在乡下的时候，大家都说我贪睡，可那是因为我太想念你们，只有梦里才能见到你和爸爸。做城里人，做老板，还是做大官，我都没想过，只希望你和爸爸能在家里陪我！现在爸爸不在了，只有妈妈你还在我身边。对我来说，你是最重要的。我还不能帮你赚钱养家，可是我想让你肩上的担子轻些，不用那么劳累。你放心，我已经长大了，可以自己照顾自己了。”呼噜噜仰起头看着妈妈，眼里满是打

转的泪水，但他强忍着就是不滴下来。

妈妈把呼噜噜搂进怀里，眼泪打湿了他的后背。独角兽躲在房间里看见了这一幕，眼睛里也满是亮晶晶的东西。

这天早上，妈妈赶着上班，所以托老乡送呼噜噜去长途汽车站坐车回家。也许是因为妈妈生气了，才故意不去送呼噜噜吧。呼噜噜正在车站等车，独角兽突然对他说：“呼噜噜，我也要回家了。”

“啊？你要回哪里去？”

“我要请假回独角兽王国去探望爸爸妈妈，我想他们了。爸爸妈妈也已经很久没有我的消息，该担心了，我得去看看它们。这些天和你在一起，我也学会了很多东西，谢谢你。”

“你帮了我那么久，是该回去看看了。”呼噜噜有点伤感，以后自己又要一个人了。

“我只是回家一趟，顶多一个月就回来了。你还没有成长到能脱离我守护的程度呢！”独角兽顶了他一下笑道。

呼噜噜这才又开心起来，说道：“嗯，我会想你的，路上小心。”

“我会的，你也小心，别再被人拐走了。另外，告诉妈妈，你爸爸的事情可以找法律援助中心帮忙。我走了，再见。”独角兽说完，化作一道流光飞向了远方。

“再见——”呼噜噜挥手和它告别，走上了长途客车。这一次独自上路，却没有了惶恐和鲁莽，因为这些日子以来他从独角兽那里学到了很多能够保护自己的知识。

车子的喇叭响了一声，就要出发了。“等等！”前方突然跑来一个熟悉的身影，是妈妈！她拦住客车，然后上来坐到了呼噜噜的身边。

呼噜噜又惊又喜：“妈妈，你怎么来了？”

妈妈喘着气说：“妈妈也想好了，回家在乡里的工厂里做活，虽然钱少一点，但照顾你就方便多了。因为对妈妈来说，你才是最重要的。”

“妈妈！”呼噜噜紧紧抱住她的胳膊，眼泪却没能像昨天一样忍住，痛快地流了出来。

母子俩大手拉着小手，踏上了回家的旅途。

@ 幸福其实很简单

幸福也许很复杂很难，但其实也很简单。只要家人健康平安，生活在一起，就是幸福。

后记

这不仅是一本写给留守儿童看的童话书，也是一本我所理解的“法治教育”读本。因为长期从事青少年犯罪与未成年人法学研究，我读了大量法治教育读物，有时候会读得害怕，因为这些书要么知识性、说教性太强，要么错误百出。当然，我也很清楚，批评容易，要自己动手写本试试，还真没那个勇气。

这本书能够写出来我得首先感谢法律出版社刘秀丽编辑，因为没有她的“催逼”也就不会有这本小书。还记得几个月前到北京出差，刘编辑夫妇冒着雨专程赶到我入住的宾馆请我吃饭，希望我能为留守儿童写一本童话形式的法治教育读本。在此之前，刘编辑和我通了好几次电话，我没敢答应下来，因为对于我而言，这样的书确实太有挑战性了，我很担心写不出来无法交代，或者写出来后被人笑掉大牙。但是那个下雨天我确实被感动了，因为刘编辑对我说——我们应该为留守儿童做点事情。

我不喜欢念故事书，因此自打儿子阳杨还在他妈妈肚子里的时候，我就给他编童话故事。还记得名字的就有“超级大卡车系列”“小南鼻冒险系列”“小鱼飞嘘系列”“独角兽系列”……大部分是躺在床上信口开河，只要儿子听得高兴就行。大部分都随编随忘，没有想过把这些童话记下来。很享受那种只有一名读者的“创作过程”，当然有时候也会黔驴技穷，累得受不了。

这本小书不全是讲给儿子听的，甚至大部分没有给儿子讲过，因为读者的定位不一样，年龄层次也不完全一样。但在写的过程中我一直在想一个问题：搞青少年犯罪与未成年人法研究那么多年，最希望儿子知道些什么？这本小书通过十六个小故事的形式，大体上讲了以下主题：不良行为、民主选举、刑事责任、自我控制、自我保护、见义智为、环保、诚信、早恋、权利、交通规则、义务教育、性教育、抵制不良诱惑、平等、正义、亲情等，主要涉及未成年人保护法、预防未成年人犯罪法、宪法、刑法、禁毒法、民法、程序法、交通法、环保法、义务教育法等。这些知识不仅仅是留守儿童需要了解的，对所有的少年儿童都会有帮助。传授法律知识不是这本书的主要目的，我想要传达的是一种法律精神与法律底线。是否能达到这样的目的，我依然惶恐之至。

在写作这本书的过程中，正好我的工作发生变动，琐事繁多。为了能够完成这本书，我把正在进行的其他研究项目全部停了下来，但仍然在写作过程中感到十分困难，几次都有放弃的冲动。兴许是因为长期从事学术研究，文笔都有些僵化了，要突然装起嫩来，跳跃性实在太大而难以把握。另一个原因是，写这样的书也许有社会意义，但在大学现行评价体系中基本上属于吃力不讨好。

感谢福建省永春县县志办颜志嘉先生的支持，没有与他的探讨、交流，好几个故事继续不下去。我还要特别感谢儿子阳杨，他的梦想是拥有一只独角兽守护精灵，这给了我完成这本小书的信心和决心。

最后，祝愿5800万留守儿童幸福、安康，我们这代成年人——欠你们太多！

姚建龙

2012年12月2日于上海

苏州河畔滴水阁

第二版后记

一眨眼，《呼噜噜与独角兽的幸福生活》这本小书已经是快十年前写的东西了。虽然是童话，但从人物、地名，到每一个具体的故事，其实都有对应的真实原型，所以“臭小子”总能在生活中找到证据证明独角兽的真实性。那个曾经深信独角兽存在的小男孩长到快一米八了才意识到，那只是爸爸瞎编出来的童话。有时候我也会反思，让儿子生活在童话世界那么久，真的好吗？

虽然不算科研成果，但这是我写的书中重印次数最多，发行量最大，也可能是影响最大的一本。有多少报纸杂志、公众号推荐过、评论过，我并不在意，也没有统计过。但是很多中小学把这本书作为指定书目，并且要求写不少于500字的读后感，以至于有学生在网上控诉这是一本“好邪恶的书”——这个我真没有想到。正因如此，我对于这本书初版时留下的很多瑕疵深感焦虑，一直希望能找个时间修订。只是未曾想到，竟然会拖这么久。2020年10月、12月，《中华人民共和国未成年人保护法》和《中华人民共和国预防未成年人犯罪法》分别做了重大修订，两部新法将于2021年6月1日起生效，修订工作再拖下去已经不可能了。

本次修订主要是对初版时的文字瑕疵做了校正，根据新修订的《中华人民共和国未成年人保护法》和《中华人民共和国预防未成年人犯罪法》以及新颁布的《中华人民共和国民法典》等重要法律，对故事内容进行了完善，对独角兽释法、法条链接等进行了更新。原本也曾考虑过增补、续写部分故事，但最终因为工作量太大而只能放弃。也许这样的遗憾，需要等到退休后去弥补了。

这部童话既是为留守儿童和从两岁到十八岁的孩子们写的，也是为儿子阳杨写的。香丫头出生后，该为女儿也写一本童话很快就成为切实的压力。所以说，生二胎确实要慎重。好在书名已经想好了——《小竹子与独角兽的幸福生活》。我试着用老办法来构思这部新童话，但是，真没有想到，睡前故事才编到第二集，香丫头就大叫："假的！假的！"还逼着我把独角兽当场变出来。这么快就穿帮……女孩和男孩的差别真的太大了。

怎么编出第二部童话呢？这，是个问题。

姚建龙

2021年4月18日晚于上海

苏州河畔滴水阁

图书在版编目(CIP)数据

呼噜噜与独角兽的幸福生活 / 姚建龙著. --2版. --北京：法律出版社，2021(2021.6重印)
ISBN 978-7-5197-5604-8

Ⅰ. ①呼… Ⅱ. ①姚… Ⅲ. ①社会主义法制-法制教育-中国-少儿读物 Ⅳ. ①D920.5

中国版本图书馆CIP数据核字(2021)第084410号

呼噜噜与独角兽的幸福生活(第二版)
HULULU YU DUJIAOSHOU DE XINGFU SHENGHUO(DI-ER BAN)

姚建龙 著
刘振君 插图

策划编辑 刘秀丽
责任编辑 刘秀丽
装帧设计 汪奇峰

出版 法律出版社
总发行 中国法律图书有限公司
经销 新华书店
印刷 中煤(北京)印务有限公司
责任校对 张 珺
责任印制 胡晓雅

编辑统筹 法商出版分社
开本 A5
印张 5.75
字数 100千
版本 2021年6月第2版
印次 2021年6月第2次印刷

法律出版社/北京市丰台区莲花池西里7号(100073)
网址/www.lawpress.com.cn
投稿邮箱/info@lawpress.com.cn
举报维权邮箱/jbwq@lawpress.com.cn
销售热线/400-660-8393
咨询电话/010-63939796

中国法律图书有限公司/北京市丰台区莲花池西里7号(100073)
全国各地中法图分、子公司销售电话：
统一销售客服/400-660-8393/6393
第一法律书店/010-83938432/8433
重庆分公司/023-67453036
深圳分公司/0755-83072995
西安分公司/029-85330678
上海分公司/021-62071639/1636

书号:ISBN 978-7-5197-5604-8
定价:38.00元